TUS AMISTADES Y LA BIBLIA

GUSTAVO FALCÓN

VALERIA LEYS

e625.com

TUS AMISTADES Y LA BIBLIA

e625 - 2019

Dallas, Texas

Todas las citas Bíblicas son de la Nueva Biblia Viva (NBV) a menos que se indique lo contrario.

Editado por: **María Gallardo y Marcelo Mataloni**

Diseño interior y portada: **JuanShimabukuroDesign @juanshima**

ISBN: 978-1-946707-22-2

IMPRESO EN ESTADOS UNIDOS

CONTENIDO

LECCIONES

NOTA DE LOS EDITORES

Gracias por tu interés en el crecimiento de las nuevas generaciones. Tu tarea y liderazgo es vital para su formación y tu rol puede hacer una diferencia eterna en sus vidas. Gracias por tomar el tiempo para tener conversaciones intencionales con ellos acerca de temas trascendentales en sus vidas como el que nos ocupa en este libro; sabemos perfectamente que ante la cantidad de conceptos contradictorios, ruido y demás distractores es fácil que caigan presa de la confusión o incluso la desesperación.

Este libro es parte de una serie, y cada uno de ellos está diseñado para ayudarte a sembrar en tus conversaciones con adolescentes una visión más espiritual y mucho más completa de temas cruciales.

Cada uno de estos libros incluye un desarrollo y luego cuatro lecciones que te ayudarán a preparar clases o grupos de discusión para adolescentes y jóvenes. En cada clase conjugamos la perspectiva bíblica con algunos ejercicios tanto de autoconocimiento como de proyección personal.

Nuestro deseo es que estas páginas y los documentos en línea que puedes descargar desde **www.e625.com/lecciones** sean un recurso útil para tu liderazgo. Adáptalos, modifícalos, enriquécelos y úsalos como mejor consideres.

Nuevamente, gracias por ser un instrumento de Dios para guiar a las nuevas generaciones hacia vidas llenas de sabiduría que los lleven a tomar decisiones inteligentes en todos los ámbitos.

Visita **www.e625.com** continuamente para descargar más recursos y conocer las actualizaciones online que ofrece el Instituto e625.

¡Juntos por familias sanas e iglesias fuertes!

TUS AMISTADES Y LA BIBLIA

GUSTAVO FALCÓN

INTRODUCCIÓN

¿Qué tan cierta será la expresión que la mayoría de nosotros hemos pronunciado alguna vez en el afán de automotivarnos, al decir: «Si tengo a Dios, entonces no necesito a nadie más»? ¡Ufff, qué expresión tan peligrosa! Peligrosa al menos en mi forma de pensar. Y te explico a continuación el peligro que yo veo en esta frase...

¡El peligro es pensar que no necesitamos amigos en la tierra! Creer que no necesitamos personas con quienes caminar por este globo terráqueo. El peligro es convencernos de que, solo porque tenemos a nuestro mejor amigo en el cielo, no necesitamos a nadie más con quien hacer equipo en esta bella aventura llamada vida.

Mi propósito al escribir este libro es dejarte bien clara la necesidad que todos tenemos de un amigo (¡o de muchos amigos, según la Biblia!) en este caminar del ministerio, del liderazgo, así como en nuestra vida personal.

¡Cuánta necesidad hay de amistades honestas en este tiempo! Amistades que no esperen nada cambio. Amistades que no traicionen. Amistades que te amen a pesar de tus errores. Amistades que te amen más a ti que a lo que tienes.

Por supuesto, antes que nada quiero aclarar que nuestra amistad con Dios es lo más bello que pueda existir. Es más, ¡yo mismo la vivo así! Su amistad es lo mejor que me ha sucedido, ¡y no la cambiaría por nada! Llevo más de 20 años disfrutando de su amistad, y puedo decirte que Él jamás me ha fallado. Yo a Él sí, pero aun así me sigue amando y jamás me ha quitado su amistad.

Ahora sí, habiendo dejado claro que nuestra amistad con Dios es no solo necesaria sino también maravillosa, te propongo pensar juntos acerca de nuestra amistad con otras personas en la tierra. Descubriremos que es tan indispensable como el mismo respirar...

> La amistad es la relación más noble,
> libre y maravillosa que el ser humano pueda escoger.
> Es gratis, es voluntaria, es emocionante, es arriesgada,
> es divertida, es emocional, ahí se involucra el alma,
> ahí el corazón va de por medio.
> La amistad es como el mar;
> se puede ver el principio, pero no el final.
> Las amistades verdaderas se forjan con la verdad,
> y jamás se van a destruir con la mentira.

¡Intentemos lograr que la palabra *amistad* sea parte de nuestras vidas, sin importar las veces que hayamos sido decepcionados en el camino! (No se te olvide que también tú y yo hemos decepcionado a otros como amigos...).

Dice Jim Morrison que «un amigo es alguien que te da total libertad para ser tú mismo». Creo que esta frase nos ayuda a darnos cuenta de cómo una amistad puede cuidar tu esencia, respetar tu personalidad, motivar tus dones naturales ayudándote a brillar, y afirmar tu carácter de tal forma que nada ni nadie te pueda llevar a desear ser algo diferente a lo que Dios dijo que debes ser.

Nuestros amigos nos afirman, aunque el mundo se levante en nuestra contra. ¡Qué importante es tener amistades así!

Probablemente tú tengas algún amigo de esa clase, de los que pueden darte ánimo para atreverte a cualquier cosa. De los que te dicen que te lances del bungee, que no te preocupes, que todo saldrá bien, y que esa liga jamás se va a romper. Y tú, que le crees a ese amigo que te ha afirmado, ¡ahí vas! Te lanzas del bungee, porque tu amigo te dijo que todo saldría bien, y tú le creíste. Y luego, al regresar de esa experiencia (en la que afortunadamente no pasó nada malo, excepto que sientes que dejaste tu alma en la caída, de tanto susto que tenías), vas junto a tu amigo y lo primero que te dice cuando te ve venir, emocionado por ti, es: «¡Te lo dije, amigo! ¡Te dije que todo saldría bien! ¡Y mira que si no fuera por mí, que te motivé a hacerlo, no hubieras vivido esa experiencia!». Y ese amigo tuyo se siente el héroe de tu vida. Y lo único que tú le respondes, mientras tratas de restablecer tu ritmo cardíaco y respiratorio, es: «¡Sí... y sigues tú!». Entonces él te dice: «¡No, esto no está hecho para mí! ¡Fue diseñado para gente intrépida, valiente y genial, como tú!». Y así, de alguna manera, tu amigo logra levantarte el ánimo y la autoestima como nadie. Aunque tú nunca podrás convencerlo a él de lanzarse también...

(Okey, no me aguanto y debo confesarlo. Yo soy el amigo que motivo al otro a lanzarse de ese bungee... ¡Lo siento!).

Además del amor, en la vida todos necesitamos la amistad. De eso no hay duda. Los sabios y poetas de todos los tiempos la han exaltado. Y si ahora mismo estás pensando que un poeta o un sabio pueden equivocarse, déjame recordarte que la Biblia jamás se equivoca, ¡y la Biblia también está llena de sabiduría, de poesía... y de exaltación a la amistad! Pensar que en este caminar por la tierra podemos ir solos, sin la necesidad de amigos a nuestro lado, es un error que nos llevará a la tristeza más grande: la soledad.

Y es que aun siendo la amistad algo tan genial, hay muchas personas que deciden estar solas por miedo a tener una experiencia negativa si se abren a tener amigos. Perdamos ese miedo, tomemos ese riesgo. Vale la pena. Tírate de ese bungee, ¡te prometo que no se romperá la liga!

En mi libro anterior, *«La vida detrás del telón»*, escribí la siguiente frase: «Quiero terminar mis días con personas y no con cosas». Ese es el propósito de este libro. Que tomemos la decisión de no terminar nuestra carrera en la vida en soledad, sino con buenos amigos a nuestro lado.

Te invito a que te quedes conmigo en esta aventura llamada *«Tus amistades y la Biblia»*. Si tu imaginación es buena, úsala en este momento, porque ahora mismo te estoy preparando un rico café, estoy prendiendo las luces de la terraza, estoy acercando el sillón más cómodo para que te sientes, y la suave música de fondo que estoy poniendo exclusivamente para ti es simplemente espectacular. (El detalle de qué música he puesto lo dejo librado a tu imaginación, según tus gustos).

¡Haz una pausa, concéntrate en el libro que tienes en tus manos, y naveguemos juntos entre palabras, frases, enseñanzas prácticas... y alguna que otra turbulencia!

Esta nueva aventura te ayudará a descubrir por qué la palabra «amistad», que es una de las palabras más antiguas que puedan existir, sigue estando vigente hasta el día de hoy.

Mientras tomamos el rico café que preparé, llegaremos juntos a importantes conclusiones respecto de la amistad, descubriremos todo lo que la Biblia dice sobre ella, nuestro corazón se conmoverá al darnos cuenta de cómo Jesús decide ser nuestro amigo, e incluso, en algún momento de esta aventura, todo se pondrá tenso cuando descubramos que, si es necesario, debemos dar la vida por nuestros amigos.

Por otro lado, te enseñaré cómo puedes restaurar la palabra «amistad» si es que para ti ya está desgastada (o totalmente destruida).

Y cuando lleguemos a la historia que me hizo llorar mientras la escribía, que es la historia de... ¡Está bien, no te voy a *spoilear* más! Mejor descubre tú mismo esa historia mientras caminas entre miles de palabras...

¡Aggghh... es que no puedo resistirme, perdón! ¡Solo te digo esto y ya! En esta aventura llamada *«Tus amistades y la Biblia»* descubrirás también que un amigo verdadero sabe levantar al caído sin exponerlo, e incluso poniéndolo en un lugar más alto que aquel desde el cual cayó.

¡Ya, mejor empecemos, porque si no, no pararé! ¡Soy un campeón *spoileando*!

CAPÍTULO 01

DESCIFRANDO LA PALABRA «AMISTAD»

Un amigo verdadero
estará a tu lado siempre
porque conoce el verdadero
significado de la amistad.

La palabra «amistad» ha sido tan desprestigiada que tristemente es una palabra en la que muchos ya no creen. Por eso me gustaría empezar por conocerla mejor, descifrarla, regresar a su significado original, y recuperar de alguna manera su valor.

Aunque más adelante nos concentraremos en el significado de la amistad según la Biblia, creo que vale la pena emplear unas líneas para analizar la palabra según su definición en el diccionario. Toma un poco del café que te preparé, y acompáñame...

En el portal *definicion.de* me encontré con lo siguiente, y me pareció interesante para que lo analicemos juntos:

AMISTAD:

El origen etimológico de la palabra amistad no ha podido ser determinado con exactitud. Hay quienes afirman que proviene del latín amicus («amigo»), que a su vez derivó de amore («amar»). Sin embargo, otros estudiosos afirman que amigo es un vocablo griego compuesto por a («sin») y ego («yo»), por lo que «amigo» significaría «sin mi yo». En todo caso, la amistad es una relación afectiva entre dos personas y uno de los vínculos interpersonales más comunes que la mayoría de los seres humanos tienen a lo largo de su vida.

Lo primero que me llama la atención en esta definición es que aparece la palabra *amar*, una palabra muy profunda pero sin duda imprescindible en esta relación. Amistad no solo es pasarla bien juntos, sino también amar. ¡Ufff, qué profundo parece! Pero es cierto, y lo confirmaremos más adelante cuando hablemos de dos personajes de la Biblia cuya historia de amistad es para mí una de las más increíbles de recordar, de contar y de practicar... (¡Muero por llegar a esa parte del libro!).

Lo segundo que me llama la atención aquí es esa traducción del griego que le da a la palabra «amistad» el sentido de «sin mi yo». ¡Vaya! ¡Imagínate tener clara esta definición en una relación de amistad! Es decir, imagínate tener presente todo el tiempo que en la amistad se trata del otro y no de nosotros mismos. ¡El ego desaparece, y las ganas de hacer todo por la otra persona aparecen todos los días! Nuestra forma de pensar pasa a ser algo como: «primero mi amigo y después yo». ¿Será posible esto? Si creemos en toda la Biblia, nuestra respuesta tendría que ser: «¡Sí, sí es posible!», ya que esta no es solo una definición de diccionario, sino que es lo que la Biblia describe como la verdadera amistad.

Me quedo con este desafío de ahora en adelante, en mis nuevas amistades y en las que me soportan desde hace tiempo: primero ellos y después... No, mejor aún: ¡primero ellos y después ellos!

¡Sí señor! Este será mi deleite de ahora en más: saber que ellos serán primero que yo.

Renunciaré a esa forma de pensar tan egoísta que me dice que yo voy primero siempre.

Me abandonaré a mí mismo para que mis amigos me encuentren.

Me negaré a mí mismo para que mis amigos me tengan.

Moriré lo necesario para que mis amigos vivan.

Me permitiré llorar para que mis amigos rían.

Y no, no es solo producto de la inspiración lo que escribo. Es una convicción profunda a la que he arribado desde hace un tiempo.

¡Cuánto nos hace falta cambiar el *chip* de nuestra mente, para recordar a cada momento que debe tratarse de la otra persona antes que de nosotros! ¡Me siento tan desafiado a tener siempre esa disposición de poner primero a mis amigos por encima de mí!

Si tu mejor amigo eres tú mismo, algo debe cambiar urgentemente en tu vida. El egoísmo no nos deja ser los buenos amigos que tendríamos que ser. Los amigos que nuestros amigos se merecen.

Permíteme citar a William Shakespeare cuando dijo: «Guarda a tu amigo bajo la llave de tu propia vida». No sé cuántos de nosotros estamos dispuestos a ser parte de esta puesta en escena que nos propone este autor, que nos lleva hasta la orilla del péndulo cuando se trata de demostrar la verdadera amistad que todos tendríamos que tener con otra persona. A mí me gusta eso de «guardar a mi amigo». Me trae a la mente todas mis posibles responsabilidades, tales como defender, cuidar, vigilar, atender, esconder, custodiar.

¡Yo quiero guardar a mis amigos ahí, bajo esa llave tan importante y tan preciada como lo es la vida! Muchos malgastan su vida. Otros la pierden por nada. Muchos invierten su vida en cosas pasajeras. Hoy yo decido convertirla en esa llave.

¿Has visto qué importante es tener la definición correcta de la palabra «amistad»? Cuando tenemos la definición correcta de las cosas, se convierten en recursos. Sabemos de qué se trata, sabemos cómo se hace, y no solo eso, sino que aprendemos a identificar lo que esa cosa *no* es. Y el identificar lo que la amistad *no* es nos evitará experiencias negativas, capítulos grises en nuestra vida, y además nos librará de otras cosas que podrían parecer amistad pero no lo son, y que solo nos robarían el tiempo.

Definir correctamente la palabra «amistad» nos ayudará a no tener amistades «piratas», y nos ayudará a nosotros a no ser esa amistad «pirata» que nadie quiere y que tarde que temprano provocará una decepción. Las amistades «piratas» abundan en este mundo: personas que se disfrazan de amigos para sacar provecho, que te roban la energía de un momento a otro, que no se interesan por ti y solo te buscan cuando necesitan algo, que te ponen en peligro cuando de salvar su propia vida se trata, y que consumen tus buenas intenciones y no les interesa nunca lo que tú estás pasando. Es obvio que este tipo de personas no son amigos verdaderos, y por eso los llamo amigos «piratas», porque se hacen pasar por lo que no son. El peligro es que al principio parecen amigos auténticos, y por eso es que caemos en decepciones innecesarias. Y aquí hablo también de los «vampiros emocionales»: los que nos exprimen hasta dejarnos agotados emocionalmente, y cuando por fin nos dejaron sin fuerzas, sin dinero, y emocionalmente caídos, se van.

La amistad es algo muy importante. ¡La amistad es tan importante, que hasta Aristóteles lo supo! Sí, este reconocido filósofo también escribió sobre el tema de la amistad, ya que era algo realmente valorado por los griegos antiguos. Según Aristóteles, existen tres tipos de amistades:

1) La primera es la «amistad de utilidad». En este tipo de amistad, las dos personas están involucradas, no por afecto, sino porque reciben algún beneficio. No es permanente, ya que termina cuando se acaban los beneficios.

Seguramente la mayoría de nosotros habremos participado alguna vez en este tipo de amistad, ya sea de un lado o del otro. Si hacemos memoria y nos transportamos hasta nuestra niñez, tal vez recordemos cuando nuestros amiguitos nos amaban hasta que el balón de futbol que era nuestro se pinchaba o se rompía. Una vez que ese balón de futbol no servía más, tu amistad ya no les resultaba tan interesante.

Como adultos también sucede a veces. Muchos viven de ese modo: «eres mi amigo si tienes algo que darme, o si tengo algo que te interese a ti». Es duro cuando al final de todo lo descubres, y te das cuenta de que no era una amistad verdadera. Ahora bien, creo que todos estaremos de acuerdo en que este tipo de relaciones ni siquiera merecerían llamarse «amistad». Y, definitivamente, no son el tipo de relación que debamos buscar como cristianos.

2) El segundo tipo de amistad es la «amistad basada en el placer». Esta amistad se da entre amigos que hacen actividades deportivas juntos, salen a las mismas fiestas, comparten los mismos pasatiempos, o tienen los mismos gustos en cosas como una banda de música, un equipo de futbol, etc.

Al hablar de esto me viene el recuerdo de mis amigos de la preparatoria. Las salidas, los bailes, y esas tardes de concierto cantado al unísono esas canciones de Maná que son únicas. ¡Los recuerdo con tanto cariño y nostalgia! Fue una época asombrosa, pero solo duró mientras había placer y diversión. Ahora anda cada quien por su lado. (Por cierto, todos gordos y calvos, y yo igual de guapo).

Creo que muchos hemos vivido alguna vez este tipo de amistad también en ministerio. Conocemos a alguien con quien compartimos la misma visión, y todo va de maravilla porque nos gustan los mismos libros, vamos a las mismas conferencias, y hasta nos gusta el mismo tipo de café orgánico de ese lugar *hípster*, la misma tienda ropa, y el mismo estilo de botas. Pero cuando cambia nuestra manera de ver el ministerio o la vida, o cuando ya no tenemos gusto por la misma ropa y las mismas botas y el lugar de tomar el café cambia, ahí termina todo. Tranquilos, no pasa nada, la pasamos bien mientras duró. Esta era una amistad basada en gustos comunes, pero no era una amistad para toda la vida.

3) Finalmente, el tercer tipo de amistad que describió Aristóteles es la «amistad de lo bueno». En esta amistad se comparte una apreciación de lo bueno y lo virtuoso de la vida. No se tiene en esta amistad ninguna intención de sacar provecho del otro, ni mucho menos se condiciona esta amistad a una decisión sobre los gustos de cada uno. Este tipo de amistades suelen durar toda la vida, pues no fueron las circunstancias las que los unieron, ni los intereses. Fue una elección simplemente natural, con la pureza de la blanca nieve de las montañas.

Yo personalmente creo que este es el tipo de amistad más valioso que existe. Son amistades que no tienen un porqué realmente. Son amigos que solo existen para servirse, cuidarse, reírse juntos, llorar juntos, dar su tiempo y hasta su dinero uno por el otro, y todo ello sin esperar nada a cambio.

No necesito ser un filósofo ni ningún sabio para decir que este último tipo de amistad es el que todos deseamos tener. Pero también es un tipo de amistad por el cual hay que pagar un precio que muchos no están dispuestos a pagar. No te preocupes, eso lo veremos más adelante. Por ahora, terminemos este pequeño paseo filosófico y regresemos a lo nuestro. ¿Qué te parece si nos disponemos juntos a conocer más de esta palabra y de sus características a la luz de la Biblia? ¡Sí, sabía que te parecería buena idea! ¡Acompáñame, pues, al siguiente capítulo!

CAPÍTULO 02

LA BIBLIA Y LA PALABRA «AMISTAD»

Una amistad guiada
por valores y principios
triunfa ante todo.

He escuchado a muchas personas decir que no saben ser amigos, que les cuesta trabajo mostrarse amigos. Y también he escuchado a muchos decir: «Quiero aprender a ser amigo». Pues tengo una buena noticia para todos: ¡la Biblia nos enseña cómo ser buenos amigos, y qué características debemos reunir para serlo!

La Biblia no tiene en poco esta palabra, sino que nos dice lo necesaria que es para nuestras vidas. Nos dice cómo mostrar amistad, nos da ejemplos de buenas y malas amistades, y nos deja en claro, a través de la amistad de Jesús con sus discípulos y a través de otras tantas historias, que tener amigos verdaderos es posible.

Así que, como ves, no te estoy contando nada nuevo. ¡El valor de la verdadera amistad fue revelado por la Biblia hace miles de años! No, esta no fue idea de un sociólogo, de un psicólogo, ni mucho menos de algún monje buena onda. La Biblia se encargó de hablarnos de la importancia de la amistad desde el principio de los tiempos.

La amistad es un lazo sagrado
que une a dos personas
sin tener que firmar ni un solo contrato.

Todos tenemos la necesidad de compartir nuestra vida, nuestros sentimientos, nuestros mejores momentos y nuestras peores caídas con alguien. Y es una idea realmente revolucionaria que dos personas, sin llevar la misma sangre, podamos amarnos tanto, y que de pronto sintamos la necesidad de brindarnos el uno por el otro, o, en el más espectacular de los casos, que estemos dispuestos a dar la vida por esa otra persona. Todo esto es lo que incluye la amistad, que fue una idea de Dios, y que se nos lo da a conocer a través de la Biblia. En un mundo agitado, materialista y traicionero, ¡qué gran idea es una verdadera amistad!

La Biblia promueve la amistad.

La Biblia premia la amistad.

La Biblia nos deja clara nuestra necesidad de tener amigos.

La Biblia nos deja claro que la amistad es uno de los valores más importantes en nuestras vidas.

Y la Biblia nos deja claro que sin amigos no podremos tener éxito en esta gran aventura llamada vida.

Tú y yo podemos decidir estar solos, no tener amigos, e intentar hacer todas las cosas de manera individual. Si así lo quieres, está bien, es tu decisión. Para eso tenemos un regalo llamado «libre albedrío». Tú tienes libertad para decidir lo que quieres hacer. Sin embargo, la Biblia nos aconseja de una manera muy intensa acerca de este tema. Y dije nos aconseja, no nos obliga... pero creo que la mejor manera de que nos vaya bien en la vida es poniendo en práctica lo que la Biblia nos aconseja, ¿no lo crees así?

Como tal vez ya te hayas dado cuenta, la Biblia nos da centenares de indicaciones y consejos para que la vida sea más sencilla de llevar... y si te fijas bien, muchas de esas indicaciones tienen que ver con otro haciendo equipo con nosotros. Dicho de otro modo, la Biblia siempre nos invita a hacer las cosas a lado de otras personas. Siempre acompañados, nunca solos.

¡Leamos juntos, entonces, lo que la Biblia nos dice! Déjame compartirte algunos de mis versículos favoritos sobre la amistad, y vayamos viendo qué enseñanzas podemos sacar de ellos... ¿Me acompañas?

Eclesiastés 4.12

«...uno solo puede ser atacado y vencido, pero dos, espalda contra espalda, pueden resistir y triunfar; y tres son aún mejores, pues una cuerda de tres hilos no es fácil de romper».

Cada vez que tú y yo necesitamos levantar algo pesado, lo primero que hacemos es llamar a alguien para que nos ayude, ¿verdad? Porque si queremos ser valientes de más, corremos el riesgo de lastimarnos y, encima, no lograr nuestro objetivo. ¿Quieres ser vencido por esas cosas tan pesadas que a veces nos presenta la vida? ¿No? ¡Entonces necesitas hacerle caso a la Biblia y unirte a alguien más para poder resistir!

Así que anota la primera enseñanza que encontramos: **¡Al lado de alguien, resistimos más!**

Gálatas 6.2

«Ayúdense unos a otros a llevar sus cargas y así estarán obedeciendo la ley de Cristo».

La palabra «carga» aquí en Gálatas es *«barós»,* y habla de un peso grande que se tenía que llevar a distancias también grandes. Así es que esto se convierte en una metáfora para cualquier dificultad, cualquier desafío, cualquier situación que resulte tan intensa y pesada que solos no la podamos cargar.

La Biblia, a través del apóstol Pablo, nos indica que nos ayudemos unos a otros. Es decir, nos alienta a ayudar a quien lleva cargas pesadas, pero también nos invita a ser honestos y a saber decir: «No puedo, esto es demasiado pesado, necesito ayuda». Es allí donde el amigo más cercano ayudará a su amigo a sobrellevar ese día malo; es allí donde aparece el amigo para cargar junto con su amigo esa situación tan pesada de llevar... Hay veces en la vida en que tenemos un problema o una prueba que no se va de un día para el otro, sino que se extiende en el tiempo, y nos sentimos como si estuviéramos atravesando un valle oscuro que nunca terminará. En estas ocasiones nos vendrá bien un amigo que aliviane el peso de nuestra carga y nos haga compañía en el trayecto.

Aquí la enseñanza es: **¡Habrá cargas pesadas y distancias largas para las cuales necesitarás a otro ayudándote!**

Proverbios 27.9 (NVI)

«El perfume y el incienso alegran el corazón;
la dulzura de la amistad fortalece el ánimo».

¡Qué maravilla esta frase que nos regala la Biblia! ¡De qué manera tan tierna nos deja saber cuánto bien nos puede traer un amigo!

Es cierto que muchas personas pueden animarnos, aun sin ser nuestros amigos. Podemos ser animados a través de un libro, aunque sea de un autor que no conocemos, pero que a pesar de eso nos levanta el ánimo con lo que ha escrito. Podemos ver en YouTube una conferencia de alguien que con sus palabras nos inspira a pesar de que no lo conozcamos. Hasta una película puede animarnos. A mí me ha pasado. Cuando no tengo ganas de hacer ejercicio, solo me pongo a ver *Rocky IV*, y no sé... ¡algo tiene esa película que me anima tanto que hasta subo a Lily y a mis hijas a una carreta y las cargo! Yo no conozco en persona a Sylvester Stallone, pero sin embargo su película me anima. Si viste la película, sabes de qué hablo... (¡Claro, seguro que la viste! Esa película es como el Juan 3.16 de la Biblia. ¡Todos la conocemos!).

Y es así. Hay muchas maneras de ser animados por personas que no conocemos. Pero el ánimo que nos puede dar un amigo es diferente. La Biblia nos dice que *«la dulzura de la amistad fortalece el ánimo»* y creo que ante esto no hay competencia. ¡Nada se comparara con esta manera de ser animados! Ningún autor de libros, ningún conferencista, ninguna película podrán animarnos como lo hace la dulzura de la amistad.

Aquí la enseñanza es: **¡Puedo estar animado en todo tiempo, por la sencilla razón de que tengo un amigo!**

1 Corintios 15.33 (NVI)

«No se dejen engañar: Las malas compañías corrompen las buenas costumbres».

Aquí la Biblia no es muy tierna que digamos. Este versículo ya no es tan romántico como el anterior. Esto ya es una advertencia directa e intensa.

La Biblia, preocupada por nuestra integridad, nos pide tener cuidado con esas compañías que podrían alejarnos de nuestro propósito, de nuestros sueños, o hasta podrían provocar que dejemos de agradar a Jesús.

Nuestras convicciones en Cristo Jesús no son negociables.

La Biblia nos dice: ¡cuidado, que todo lo bueno que has aprendido puede irse al bote de la basura en un momento por culpa de las malas compañías! Y nos dice: mejor ocúpate de que tu vida esté rodeada de personas que te hagan bien. Personas que te impulsen, que te hagan soñar más fuerte para Dios. Compañías que te inspiren, compañías que te exhorten, y sí, que te confronten cuando estás haciendo algo mal, que te corrijan cuando cometas un error. Sobre todo, personas que no pongan en riesgo tu integridad. La

Biblia nos alienta a juntarnos con aquellos que nos ayuden a transitar el camino de la fe sin perder nuestras convicciones.

Aquí la enseñanza es: **Los verdaderos amigos nunca corromperán tus buenas costumbres. Ten discernimiento para distinguir qué personas le hacen bien a tu vida y cuáles no.**

Proverbios 27.6 (NVI)

«Más confiable es el amigo que hiere
que el enemigo que besa».

¡Dios mío! ¡Qué manera tiene la Biblia de enseñarnos sobre la amistad! A simple vista, todos pensaríamos que un beso representa la amistad. Pero la Biblia en esta ocasión usa una imagen diferente. Aquí la amistad es representada por una herida, y el enemigo es el que besa. ¡Ufff, qué profundo está esto! Realmente disfruto este juego de palabras que me pone a pensar y a sacar conclusiones...

La parte del beso es más fácil de entender. Obviamente se trata de un beso falso, del enemigo que te alaba pero en realidad no busca tu bien. Por eso me quiero concentrar en esa imagen del amigo que hiere. ¿Por qué será que hiere ese amigo? Tal vez porque te está confrontando con algún pecado en tu vida que preferirías ignorar. Te hiere para cuidar tu integridad, para salvarte la vida... Los amigos nos herimos, sí, pero son heridas que ayudan, que hacen reaccionar, que salvan. Son heridas que tal vez dejarán cicatrices, pero cicatrices que luego te harán sonreír y agradecer cuando las veas. Así, mandarás ese WhatsApp a tu amigo y le dirás: «¡Gracias por herirme! ¡Esa herida me evitó morir!».

Al escribir estas líneas me viene a la memoria una historia que explica muy bien lo que estoy tratando de decir. La historia habla de un médico que en cierta ocasión vio que su hijo tenía un objeto atragantado en la garganta y se iba a morir ahogado. Entonces él, con un cuchillo, le hizo un orificio en la tráquea para que el aire pudiera entrar, y así le salvó la vida a su hijo. ¡Eso sí que fue extremo! El niño sintió cómo su carne se abría sin anestesia. ¿Y qué habrá pensado en ese momento al ver a su padre con el cuchillo?

Tal vez se habrá preguntado: «¿Por qué mi papá me quiere hacer daño en lugar de ayudarme a salvar mi vida?». Sin embargo, más tarde comprendió que ese dolor, esa herida, le había devuelto la vida. Hoy tiene una pequeña cicatriz, y un padre al que considera un héroe. De nada hubiera servido que su padre le diera un beso y lo dejara morir, ¿verdad?

Aquí la enseñanza es: **No todo lo que duele mata. Un beso puede provenir de un enemigo, pero el dolor que un amigo te provoque para ayudarte, puede salvar tu vida.**

Proverbios 13.20

«El que anda con sabios, será sabio;
al que anda con necios, lo lastimarán».

Aquí la Biblia nos invita a juntarnos con personas sabias, y nos alerta de lo peligroso que es andar con necios. Pero yo quiero ir un poco más allá. ¿Qué te parece si en esta ocasión tomamos el desafío de ser nosotros ese amigo sabio que otros necesitan? ¡Sería genial que tú y yo buscáramos hacernos amigos de la sabiduría, para entonces poder ser para otros ese amigo que siempre tiene el consejo adecuado en los momentos claves! Jesús fue ese amigo sabio para los doce amigos que caminaron con él durante más de tres años...

Muchos buscamos amigos esperando algo de ellos. Qué distinto sería si buscáramos amigos porque tenemos algo bueno que darles nosotros a ellos, ¿no lo crees?

¡Tranquilo, que sabiduría no es lo mismo que inteligencia! Te aclaro esto porque tal vez tú y yo jamás demos clases en Harvard... ¡pero sí podemos evitar que nuestros amigos cometan grandísimos errores, si les damos palabras sabias llenas de la presencia de Dios!

Busca llenarte de sabiduría, no solo por el beneficio que esto traerá a tu propia vida, sino porque es algo que enriquecerá tu amistad con alguien más.

Aquí la enseñanza es: **¡Deseo ser más sabio, y así estar preparado para cuando mi amigo necesite ese consejo sabio que cambiará su vida para bien!**

Proverbios 18.24 (RVR60)

> «El hombre que tiene amigos ha de mostrarse amigo;
> Y amigo hay más unido que un hermano».

Todos queremos tener amigos, pero pocos sabemos ser amigos.

Aquí la Biblia nos lleva a ser confrontados. Es como si nos dijera: «Lo siento; no pidas a otros lo que tú no puedes dar».

Al leer esto me siento desafiado. Me lleva a pensar que para tener amigos necesitamos una preparación previa. Necesitamos despertar virtudes que estaban dormidas, practicar una clase de generosidad que a lo mejor pensábamos que no era necesario practicar, y disponer de todo el amor posible para esa persona que está por llegar a nuestras vidas como una verdadera amistad.

Este versículo me deja con la sensación de que tener un amigo es una gran responsabilidad. Hay amigos que, sin querer, llevan a la ruina; hay amigos que intoxican a la otra persona; hay amigos que no saben corresponder una buena amistad. La amistad es para disfrutar, sí, pero es al mismo tiempo una enorme responsabilidad. ¿Te habías dado cuenta? Podría decirse que la amistad es «una responsabilidad muy disfrutable».

Y lo que la Biblia nos dice a continuación, me vuela la cabeza... ¡Poner a un hermano de sangre como comparación! ¡Incluso lo lleva más allá todavía, porque dice «*más* que un hermano»!

Esto también me recuerda una frase que leí en alguna parte, de un autor desconocido, que decía: «El hermano puede no ser un amigo, pero un amigo será siempre un hermano».

Ahora déjame contarte un poco de mi vida. Yo soy el mayor. Tengo una hermana y un hermano. Mi hermano es el feo de la familia, yo el lindo, y mi hermana pues... ¡le echa muchas ganas, jeje!

Mentira, solo estoy bromeando. ¡Yo tengo una relación increíble con mis hermanos! ¡Los amo con todo mi ser y haría cualquier cosa por ellos! Es más muchas personas, cuando me ven con mi hermano convivir, viajar, hablar, bromear, etc., nos dicen que nosotros ¡no parecemos hermanos, de tan bien que nos llevamos!

Entonces, si me pongo a pensar en mis hermanos, y luego la Biblia me dice que una persona que no tiene mi sangre puede ser más unida a mí que un hermano, ¡mis sesos se despedazan! ¡Sin dudas esto me reafirma que una verdadera amistad no tiene precio!

Así que aquí la enseñanza es doble.

La primera es: **Debo preocuparme por demostrar que mi amistad es verdadera. Debo esforzarme por ser un muy buen amigo para mis amigos.**

Y la segunda es: **Alguien que no es de mi sangre puede llegar a ser la persona más unida a mí. ¡Ese tipo de amistad se defiende con la vida misma!**

Como ves, podríamos estar por largo tiempo en este capítulo. En la Biblia abundan los versículos sobre la amistad. Incluso éste podría, sin mucho esfuerzo, convertirse en el capítulo más extenso de todo el libro. Pero debemos seguir adelante, así es que siento que debo pedirte perdón por todas las citas valiosas que se quedaron fuera de esta sección. (¡Pero no te preocupes, muchas de ellas entrarán en los demás capítulos de este libro!).

CAPÍTULO 03

LA SOLEDAD EN EL MINISTERIO

La soledad es un buen lugar
para encontrarse,
pero uno muy malo
para quedarse.

Te propongo comenzar este capítulo con un fragmento de la historia de Elías. Acompáñame y leamos juntos este breve relato:

1 Reyes 19.1-5

«Cuando Acab le contó a Jezabel lo que había hecho Elías, y cómo había dado muerte a los profetas de Baal, ella le envió este mensaje a Elías: «¡Te juro por mis dioses, que mañana, a esta misma hora, tú serás hombre muerto! ¡Así como mataste a mis profetas, yo te mataré a ti!».

Elías entonces huyó para salvar su vida. Se fue a Berseba, ciudad de Judá, y dejó a su siervo allí. Luego se internó en el desierto. Después de caminar todo un día, se sentó bajo un arbusto, y sintió deseos de morir.

> «¡Basta! —le dijo al Señor—. ¡Quítame la vida, pues no soy mejor que mis antepasados!».
>
> Entonces se acostó y se quedó dormido bajo el arbusto…».

Esta historia de Elías nos deja bien claro que la soledad en el ministerio nunca es buena idea. Ver a este personaje valiente pero solitario nos recuerda que, cuando hacemos algo para el ministerio, siempre habrá alguien a quien no le va a gustar lo que hicimos, ¡y ese alguien muy probablemente se convertirá en nuestro enemigo, nos amenazará y nos perseguirá! Para eso necesitamos aliados. Aliados que sean nada más y nada menos que nuestros amigos. Esos amigos que nos digan: «¡No te preocupes, todo va a estar bien!».

¡Los mejores aliados los encontramos en la amistad, no en los fans! El fan se irá cuando ya no brilles. El amigo se quedará contigo aun sin el brillo de tus hazañas.

El profeta Elías era un hombre sorprendente en lo que hacía. Era valiente y obediente a Dios. Pero aquí lo vemos deprimido y con ganas de morirse. ¿Cómo llegó a esto? El problema no era la depresión, el problema era la soledad. El origen de la angustia de Elías era la soledad en su ministerio. Él tenía un criado, pero no un amigo. Él hacía cosas admirables, pero terminaba en soledad cuando el show terminaba y las multitudes se volvían a sus casas. ¿De qué sirve bajar el fuego del cielo en el día, si en la noche experimentamos el fuego del mismo infierno en una fría y amenazadora soledad? ¿De qué sirve hablar vida, si por la madrugada deseamos morir? ¿De qué sirve matar a cuatrocientos profetas de Baal, si eso nos lleva a una zona peligrosa llena de soledad, depresión e incertidumbre? ¿De qué sirven tan grandes hazañas, si a la primera amenaza queremos dejarlo todo y huir a cualquier parte?

Cuando leo esta historia de Elías pienso que no quiero llevar adelante mi ministerio solo. No quiero soñar solo. La soledad está llena de trampas y peligros.

Incluso debo confesarte que a pesar de las cosas tan poderosas que llevó a cabo Elías en su ministerio, yo jamás he sido fan de él. ¡Tranquilo, no me juzgues! Simplemente no deseo ser como él; no me inspira. Y digo esto porque hoy en día las nuevas generaciones anhelan ser como esos que tienen éxito público, aunque su intimidad sea un verdadero desastre. ¡El aplauso más bello no es el del fan, sino el de amigo! Necesitamos enseñarles y modelarles a las nuevas generaciones un éxito integral. Dicho de otro modo, necesitamos que haya congruencia entre nuestra vida ministerial y nuestra vida diaria.

Cuando estamos solos corremos peligro de ahogarnos con nuestras propias palabras, con nuestras historias, con nuestros fracasos, con nuestras tentaciones... Al no tener a quién contarle nuestras debilidades, nuestros problemas, y nuestras historias de frustración, nos hundimos en situaciones en las que un buen amigo podría comprender sin juzgar, e incluso podría darnos un consejo sabio que nos rescatara del pozo. Cuando estamos solos, huimos sin saber hacia dónde. Esto le ocurrió a Elías. Lo primero que hizo fue huir, alejarse de su propósito, de su llamado, de su liderazgo. ¡Estoy seguro de que de haber tenido un amigo a su lado, esto no hubiera pasado!

Huir es lo más cómodo, pero no soluciona nada. Tarde o temprano tendrás que enfrentar a esa Jezabel, pues cuando menos lo pienses se aparecerá en tu camino.

Los solitarios huyen. Los que tienen amistades permanecen en su propósito.

¡No hay necesidad de llevar adelante nuestro ministerio o nuestro liderazgo en soledad! ¡Reconozcamos que necesitamos amigos con quienes llorar nuestras derrotas y con quienes celebrar nuestras victorias! (Yo en lo personal siempre he creído que es más triste no tener con quién celebrar nuestras victorias, que no tener con quién llorar nuestras derrotas...).

El aislamiento es la trampa más eficaz del enemigo para intentar destruir nuestro liderazgo. Es en las temporadas de soledad y aislamiento cuando más vulnerables estamos, y cuando más probable resulta que caigamos en cualquier trampa, o en abismos de los cuales después nos será muy difícil salir.

En algún momento de nuestras vidas todos hemos sentido la necesidad de estar solos, y esto es normal. Todos necesitamos ese tiempo, ese espacio de quietud. Lo peligroso es cuando la soledad se convierte en algo permanente. Allí es donde comenzamos a tener pensamientos equivocados y conductas riesgosas. ¡Cuidado! ¡Si estás en este punto, debes buscar una solución urgente!

A veces ni siquiera ocurre de manera intencional... A veces una persona se aleja de su entorno social involuntariamente. Los sociólogos llaman a esto «aislamiento social». Es más común de lo que imaginamos, y puede ocurrir en todas las edades y con cualquier tipo de temperamento. Si hay algún síntoma que te indique que tú puedes estar pasando por esto, ponle atención y busca ayuda cuanto antes. ¡Vale la pena tomar muy enserio este proceso que estás viviendo para así poder salir victorioso de él!

¿Por qué te digo todo esto? ¿Y por qué pongo como ejemplo a Elías? ¡Porque quiero dejarte bien claro que esto le puede pasar a cualquiera! Ninguno de nosotros está a salvo de comenzar nuestro ministerio rodeados de personas y de amigos, y de pronto entrar en una etapa en la que escogemos estar solos; una etapa en la que renunciamos a tener amigos y solo preferimos tener criados. (Estoy empleando aquí la palabra criado en el contexto de la historia de Elías con Eliseo, por supuesto). Recuerda que si pudo pasarle a Elías, puede pasarte a ti también. Si te mantienes alerta será mucho más fácil salirte de esta situación que apenas comienza, y así evitarás llegar al punto en el que te encuentres totalmente solo.

¡REÍR A SOLAS NO ES *COOL*!

Las risas a solas no son verdaderas risas.

Las risas se diseñaron para compartirlas con alguien más.

Las risas se disfrutan en compañía.

Las risas son reales y contagiosas cuando se mezclan con otras risas igual de honestas que las tuyas.

Las risas cobran fuerza y sentido cuando se mezclan con otras risas igual de fuertes que las tuyas.

Las risas verdaderas solo vienen de las amistades verdaderas.

¡Las risas hacen tanta falta en el liderazgo! No sé quién nos enseñó la tonta idea de que si tenemos un ministerio o un liderazgo debemos ser «las caras serias» para que los demás puedan respetarnos. ¡A mí me inspira más a seguirla una persona que ríe que una que no lo hace! ¡Para mí es más espiritual una persona que ríe, que aquel que con una cara seria cree estar representando a Dios!

Los buenos amigos al final se convierten en nuestros compañeros de mil batallas, ¡y reír con ellos es tan liberador y necesario, que no pueden faltar en nuestra vida personas así!

¡Reír con nuestras amistades verdaderas es una de las cosas más hermosas de la vida!

SOLEDAD RODEADA DE PERSONAS

Todos hemos vivido, en algún momento u otro, esa desagradable experiencia de encontrarnos rodeados de personas en el ministerio o en nuestro liderazgo, pero al mismo tiempo estar solos. Nuestra mejor amiga es la soledad, nuestra confidente es la soledad, nuestra consejera es la soledad... y eso no es bueno.

No lo planeaste, pero de pronto el liderazgo, el ministerio, te llevó a la zona de la soledad. Las manos amigas se marcharon, los que decían estar contigo fueron insensibles en tu momento más oscuro, volteaste a todos lados y de repente ¡pum!, todos se habían ido.

Simplemente ocurrió, y no pudiste hacer nada al respecto, ¡pero lo que sí puedes decidir es no quedarte así, y permitirle a Dios que traiga personas nuevas a tu vida! Lo voy a decir incluso más claro: el Señor va a traer amistades nuevas a tu vida, ¡recíbelas!

A veces ni siquiera podrás encontrarle una explicación o un sentido a tu soledad. No tenías por qué haberte quedado solo, no había razón para que la gente se alejara de ti, no había un motivo que justificara la partida de esa persona, o de esas personas que antes estaban a tu lado. ¡Esto no tenía por qué pasar! Las risas que compartías con esas personas eran muchas y sinceras; las conversaciones entre tú y esas personas eran perfectas; las tantas cosas que tenían en común indicaban que iban a estar juntos para siempre; esa lealtad que se profesaban hacía pensar que nada, jamás, interrumpiría su relación... Pero no fue así, y eso va a dolerte, al menos por un tiempo. Sin embargo, no puede hacerte decidir que seguirás de aquí en adelante solo en tu liderazgo o en tu ministerio.

Grábate esto en la mente y en el corazón: el fracaso en una relación de amistad no puede convertirse jamás en algo que te lleve a aislarte de los demás por el resto de tu vida. ¡Recuerda que es simplemente una temporada, y preocúpate por que sea corta!

ELÍAS TUVO PROBLEMAS PORQUE TENÍA UN CRIADO, PERO NO UN AMIGO

Uno de los grandes peligros en nuestro ministerio o liderazgo es tener criados y no amigos. Criados, escuderos, discípulos, y tantos otros nombres que les inventamos. Nos encanta estar rodeados de personas, a las que les podríamos llamar «los eliseos», que nos admiran, nos obedecen, y nos rindan pleitesía. ¡Nos hacen sentir como si nosotros fuéramos Elías! Tan es así que cuando andas con el asistente, escudero, o como le llames, y vas a ir al baño, le dices: «Quédate aquí, voy al baño», y él te responde: «Vive Jehová y vive mi alma que no te dejaré», y ahí nomás va contigo al baño, con su rollo de papel en la mano y todo. Y tú también vas feliz, pensando: «¡Vaya, soy todo un Elías!».

Señores y señoras, jóvenes y jovencitas, amados que están leyendo estas páginas, ¡les ruego con todo mi corazón que entre sus sueños no exista uno que tenga que ver con anhelar estar rodeados de personas que funcionen como una especie de «guardaespaldas» para impedir que la gente se acerque al «siervo»! Ese tipo de personas te honran más a ti que a Dios.

Muchos líderes llegan al punto de encontrarse completamente solos por arrogancia, o por autosuficiencia. Por pensar que es «su» momento y que ellos no necesitan a nadie. Claro, son las demás personas las que los necesitan desesperadamente a ellos... tan es así que a veces parece que lo único que les falta a estos líderes es mandar a construir una estatua de ellos mismos y colocarla en el centro de la ciudad (o a la entrada del templo, por lo menos). Así no es. Así no funciona. Así no llegaremos lejos.

Los líderes no necesitamos escuderos, sino amigos.

Yo quiero personas a mi lado que quieran mi amistad, y no mi manto.

¿De qué le sirvió a Elías tener a Eliseo, si la hora de su depresión la pasó solo y queriéndose morir? ¿O tal vez pensó que, si le confesaba su debilidad, a Eliseo se le caería la imagen de Elías como supersiervo? Ahora bien, te pido que no malinterpretes la actitud de Eliseo. Él solo cumplía con un llamado de Dios. Esa era su función, y al final vemos que era él quien tenía que tomar el lugar de Elías. Eliseo era un sucesor, pero no un amigo. El error fue de Elías, por no haberse cuidado de tener siempre un amigo a su lado, ya fuera Eliseo o cualquier otro.

Cuando estamos solos huimos sin saber a dónde, tal como le ocurrió a Elías. Y huir sin saber a dónde debe ser la experiencia más frustrante de la vida.

¡Un ministerio espectacular no tendrá fecha de caducidad si es que tiene a su lado una gran amistad!

ACOMPAÑADOS ES MEJOR

Me gustaría cerrar este capítulo analizando uno de los pasajes más conocidos que nos ofrece la Biblia acerca de las relaciones:

Eclesiastés 4.7-12 (NVI)

«Me fijé entonces en otro absurdo en esta vida: vi a un hombre solitario, sin hijos ni hermanos, y que nunca dejaba de afanarse; ¡jamás le parecían demasiadas sus riquezas! «¿Para quién trabajo tanto, y me abstengo de las cosas buenas?», se preguntó. ¡También esto es absurdo, y una penosa tarea!

Más valen dos que uno,
porque obtienen más fruto de su esfuerzo.

Si caen, el uno levanta al otro.
¡Ay del que cae
y no tiene quien lo levante!

Si dos se acuestan juntos,
entrarán en calor;
uno solo ¿cómo va a calentarse?
Uno solo puede ser vencido,
pero dos pueden resistir.
¡La cuerda de tres hilos
no se rompe fácilmente!».

¿Leíste con detenimiento? ¡Cuánta sabiduría emana de la Biblia, ¿no crees?!

El primer consejo que puedo ver aquí, sin esforzarme mucho, es: «Más valen dos que uno». ¡La Biblia nos deja muy claro que vivir acompañados es mejor! Daremos más fruto, nuestro caminar será más productivo, y nos alegraremos más cuando tengamos éxito en lo que hacemos. ¡Todo lo bueno será más abundante si vamos acompañados! Además, cualquier tropiezo durará poco, ya que habrá alguien a nuestro lado para ayudarnos. En seguida nos levantaremos del suelo, ¡no nos quedaremos ahí para siempre! Y, como si todo esto fuera poco, ¡la posibilidad de ser vencidos será nula, pues la Biblia enseña que si somos dos, resistiremos!

Muchas veces se ha tomado este pasaje de Eclesiastés para aplicarlo exclusivamente al matrimonio, sobre todo por lo que dice el versículo 11, pero si entendemos que es una metáfora, ¡veremos cómo en la amistad se cumplen también todas estas cosas!

Además, hay otra enseñanza que podemos rescatar aquí. El inicio de este pasaje nos hace reflexionar sobre el hecho de que para nada sirve afanarnos si estamos solos. Si no tenemos lo más importante, que son las personas, de nada sirve todo nuestro esfuerzo. Aun luego de lograr éxito y riquezas, tarde o temprano, en medio de la soledad, nos haremos la pregunta que se hizo el hombre en el versículo 8: «¿Para quién trabajo tanto...?». A veces por querer ganar el mundo perdemos lo más importante. Perdemos a ese amigo que nos iba levantar, con el que íbamos a dar mucho fruto, con el que resistiríamos y no seríamos vencidos... ¡perdemos a esa persona con quien podríamos haber hecho equipo para formar esa cuerda de tres hilos que jamás se iba a romper!

Las únicas veces en las que Jesús buscaba estar en soledad eran cuando deseaba tener intimad con el Padre. Pero no eran más que un momento, un rato, unas horas... Fuera de ese tiempo, él siempre estaba acompañado. Podríamos aprender de él, ¿verdad?

¡Un liderazgo en soledad, no resiste la maldad!

CAPÍTULO 04

DANDO LA VIDA POR LOS AMIGOS

¡Dar la vida por un amigo,
es la frase más bella de leer,
pero es la acción más difícil de hacer!

No me miren así... No estoy exagerando. ¡Eso de dar la vida por un amigo fue idea nada más y nada menos que de Jesús!

En Juan 15.13 leemos que él dijo:

> «Nadie tiene más amor que el que da la vida por sus amigos».

¿Te fijaste? Creo que Juan 15.13 es la definición más plena de amistad que encontramos en toda la Biblia. Y Jesús nos deja este desafío con toda la autoridad, ¡pues él mismo lo hizo!

¡Qué forma tan extraordinaria de demostrar el amor por un amigo, dando la vida por él! Y además, me llama la atención que Jesús dice: «Nadie tiene más amor...». Cualquiera pensaría que el amor más grande del mundo es el de un padre o una madre hacia su hijo, o el de un hijo hacia sus padres, o el de un esposo hacia su esposa o viceversa. Esos sin duda son amores grandes, pero Jesús lleva la amistad a otro nivel, y la coloca en un pedestal extraordinario y único.

Pensar en un amigo que ama tanto que da la vida por su amigo, a mí me deja sin palabras... ¿a ti no?

Si te pones reflexionar, lo que nos muestra este versículo es que un amigo puede llegar a ser para nosotros más importante que nosotros mismos. Podemos soltar nuestros intereses por perseguir los de alguien más. Podemos amar tanto que elijamos perder para que gane el otro.

Cuando veo a Jesús hablando sobre dar la vida por el amigo, comienzo a filosofar y pienso...

La vida no es para ahorrarla, es para usarla. ¡Úsala con un amigo!

La vida no es para jactarse. ¡Humíllate por un amigo cuando sea necesario! (Jesús lo hizo, por ti y por mí).

La vida no es un trofeo para tener en una vitrina. ¡Qué mejor que usarla para ayudar a un amigo!

Un día leí una historia que me conmovió hasta las lágrimas. Está bien, reconozco que soy bastante sentimental, pero esta historia realmente me llegó hasta lo más hondo. Te la cuento tal como la cuenta Anthony de Mello:

> Durante un combate en la guerra de Vietnam, un soldado desapareció en el campo de batalla. Todos los demás habían regresado, pero él no. Su compañero y amigo decidió entonces salir a buscarlo. El general a cargo se opuso, ya que la misión implicaba correr grandes riesgos...
>
> El soldado dijo: «Mi amigo no ha regresado del campo de batalla, Señor. Solicito permiso para salir a buscarlo».

«Permiso denegado», replicó el oficial. «No quiero que arriesgue usted su vida por un hombre que probablemente ya esté muerto».

El soldado salió igual, haciendo caso omiso de la prohibición de su superior. Una hora más tarde regresó, mortalmente herido, transportando el cadáver de su amigo.

El oficial estaba furioso: «¡Ya le había dicho yo que había muerto! ¡Ahora he perdido a dos hombres! Dígame, ¿merecía la pena salir allá para traer un cadáver?».

El soldado, moribundo, respondió: «¡Claro que sí, Señor! Cuando encontré a mi amigo, él todavía estaba vivo, y pudo decirme: «¡Amigo, estaba seguro de que vendrías!».

¡Ufff, no se a ti, pero a mí se me saltan las lágrimas de los ojos de solo imaginarme esta última escena! Me imagino que estas palabras habrán significado todo, tanto para el soldado que las pronunció como para el que las escuchó... «¡Amigo, estaba seguro de que vendrías!».

Yo deseo ser ese amigo que llega al lugar donde mi amigo me está esperando para intentar salvarle la vida, aunque al final la perdamos los dos.

Yo deseo ser ese amigo que desobedece las órdenes de sus superiores, del *status quo*, de lo establecido, para ir en busca del amigo que está en peligro.

Yo deseo ser ese amigo al que algo le dice en su interior que todavía algo puede hacer por su amigo.

Yo deseo ser ese amigo que corre riesgos por su amigo.

Yo deseo ser ese amigo que está convencido de que siempre vale la pena todo lo que se hace por un amigo.

Yo deseo ser ese amigo que sale al campo de batalla, sea cual sea, con el único objetivo de recuperar a su amigo.

Y... también deseo ser un amigo que haga algo tan impactante y memorable por otro amigo, que sea digno de contarse incluso muchos años después, como esta historia que te acabo de compartir.

Pero cambiemos el ángulo ahora. Te invito a volver a leer el versículo del inicio con otra mirada. Aunque Jesús sí llegó a ese nivel de ir a la muerte por sus amigos, este no es el caso más habitual. Y aunque, como acabamos de leer, en determinadas ocasiones algunos amigos necesitaron llegar también a ese extremo, este versículo puede ser empleado para pensar en otros ejemplos de formas de «morir por amor», más allá de su lectura literal.

A continuación te invito a que pensemos juntos en distintas formas en las que podemos «dar la vida» por nuestros amigos aun siguiendo vivos. Usemos la muerte como una metáfora de brindarnos a nosotros mismos, como una metáfora de otros sacrificios que a veces es necesario hacer por amor a nuestros amigos. ¿En qué formas podemos «dar la vida» de manera que se muestre el gran amor que tenemos por nuestros amigos?

PERDONAR ES UNA FORMA DE MORIR POR UN AMIGO

Existe un campo de batalla en la vida de cada uno de nosotros que, aunque no se ve, es muy real. Me refiero al campo de batalla del orgullo. En ese campo perdemos muchos amigos.

Aquí, «dar la vida» equivale a morir al orgullo, para poder perdonar a aquél que nos hirió.

Decíamos unas líneas atrás que a veces no es necesario dar la vida de manera literal, pero sí podemos hacer cosas tan difíciles que créeme que son tomadas en cuenta como si hubiéramos muerto. ¡Y morir a nuestro orgullo en verdad que es difícil!

En la historia tan conmovedora que te conté hace un rato, vimos a un amigo ir al campo de batalla para recuperar a su amigo. Y aquí el escenario es similar, solo que el campo de batalla es nuestro corazón. Debemos estar dispuestos a hacer morir nuestro orgullo con tal de recuperar a nuestro amigo y traerlo a casa.

¿Queremos recuperar a ese amigo que nos lastimó, o que nos ofendió? Pues hay que hacer morir nuestro orgullo, hacer morir nuestro ego. Y cuando eso suceda, cuando hagas morir tu ego y vayas a ese campo de batalla a recuperar a tu amigo, él te mirará a los ojos y te dirá: «¡Amigo, estaba seguro de que vendrías!».

Me gustó una frase que leí de Jean de La Bruyère: «Dos personas no pueden ser amigas por mucho tiempo si no se pueden perdonar sus pequeños errores». Ofensas siempre habrá en una amistad, en los dos sentidos, puesto que ni tu amigo ni tú son perfectos. Por eso el perdón es clave para que una amistad sea duradera.

Cuando reconozcamos que nuestro amigo es más importante que nosotros mismos y, dejando de lado nuestro ego y nuestro orgullo, vayamos por él y le demostremos cuánto lo amamos, entonces habremos muerto para que alguien más viva.

INVERTIR ES UNA FORMA DE MORIR POR UN AMIGO

Cuando invertimos en un amigo nuestro tiempo, nuestra energía, nuestros bienes materiales, y nuestros conocimientos, y sobre todo cuando lo hacemos (aquí viene el gran desafío) «sin esperar nada a cambio», allí es donde morimos.

Jesús, como buen amigo, invirtió su vida, invirtió su sangre, ¡invirtió todo en nosotros! No escatimo en nada. Él tenía en su mente que todo lo merecíamos, porque él nos mira con ojos de gracia, por supuesto. No hay manera de invertir en un amigo si la gracia no está de por medio. La gracia siempre será protagonista en la escena de «invertir».

Gracia es: invierto en ti, aunque no lo merezcas.

Gracia es: invierto en ti, aunque no hiciste ningún mérito para ganártelo.

Tú y yo no merecíamos salvación, pero Jesús nos la dio por su gracia.

Tú y yo no merecíamos su amor, su perdón, ni su bondad, pero por gracia él nos dio también todo esto.

Jesús lo invirtió todo, y así nos dejó claro que su amistad es real.

Debes invertir en tus amigos, no lo que te sobra, ¡sino todo lo que tienes!

¡Cuánto nos hace falta, en este tiempo tan lleno de envidias y competencias baratas entre un ministerio y otro, ese impulso de dar la vida por otros para así provocar que ellos brillen de una forma más espectacular! Nunca te sientas incómodo si el ministerio de tu amigo brilla más que el tuyo. Muere por ese amigo, muere a tu ego, y alégrate, promuévelo, presúmelo, impúlsalo. Si esto te cuesta, solo recuerda que, si tu amigo que tiene un ministerio brilla, es Jesús quien está brillando.

Lamentablemente, conozco muchas amistades que se han roto porque la competencia se interpuso entre los dos y ninguno quiso morir a sí mismo por el otro...

Morir por el otro es ceder aun lo que te costó tantos años levantar.

Morir por el otro es postergar tu sueño para trabajar por el sueño de tu amigo.

Morir por el otro es guardar tu prestigio para hacer crecer el de tu amigo.

Morir por el otro es usar tu don para hacer brillar los dones de tu amigo.

Morir por el otro es darlo todo, aunque un día tengas que volver a comenzar desde cero. Porque si lo haces, comenzarás desde cero pero con paz en tu corazón, agradeciendo en tu alma por ese amigo que hizo que tal sacrificio valiera la pena.

Cuando mueres de esta forma, activas el corazón de Jesús para contigo. Activas bendiciones que nunca imaginaste que podrían venir a ti. Y es que el ser un verdadero amigo y hacer morir tantas cosas por el beneficio de alguien más, te pone en un lugar en el cual constantemente estarás experimentando a Dios moverse en tu vida.

Te confieso algo (y espero que me creas, porque te lo digo con total honestidad... los que me conocen sabrán que no miento). La primera vez que leí sobre dar la vida por un amigo me pareció una idea tan desafiante, pero a la vez tan emocionante, que lo primero que pensé fue que ojalá algún día yo estuviera en la posición de tener que morir por un amigo. Pero luego pude entender que no era necesario morir físicamente, y esto me alegró, no porque yo le tuviera temor a la muerte, sino porque descubrí que esto es algo que puedo hacer todos los días por mis amigos. Cada día puedo decidir morir a mi propio yo, a mis propios intereses, a mi ego y a mi orgullo, e invertir todo lo que tengo en mis amigos. ¡Puedo mostrarles cuánto los amo dando mi vida por ellos todos los días!

CAPÍTULO 05

JESÚS QUIERE NUESTRA AMISTAD

«La amistad duplica las alegrías
y divide las angustias por la mitad».
Francis Bacon

Jesús nos llamó a servirle, vivimos para servirle, y nos apasiona servirle. Le servimos sin esperar nada a cambio, y le serviremos siempre. ¡Jamás dejaremos de hacerlo!

La importancia que tiene nuestro servicio a Jesús es inobjetable. Pero también es emocionante encontrar en la Biblia que Jesús mismo decidió dejar de llamarnos siervos, para llamarnos amigos...

> **Juan 15.15 (NVI)**
>
> «Ya no los llamo siervos, porque el siervo no está al tanto de lo que hace su amo; los he llamado amigos, porque todo lo que a mi Padre le oí decir se lo he dado a conocer a ustedes».

Jesús cambia la relación con nosotros, de siervos a amigos.

Dicho de otra manera, ¡Jesús nos quiere de amigos, no de siervos!

Esto no significa que dejemos de servirle. Lo que Jesús quiere es que nos quitemos la mentalidad de esclavos. Ahora servimos a un amigo, no a un amo.

No hay ninguna distancia, ninguna cuestión de status que nos separe de Jesús. A él no hay por qué tenerle miedo. Frente a él no hay por qué sentir desconfianza, no hay por qué sentir intimidación.

En verdad, Jesús nunca ha estado lejos. Pero ahora, con su amorosa decisión de llamarnos amigos, nos brinda la confianza necesaria como para acercarnos a él todas las veces que sea necesario. Y además, no solo es nuestro amigo. ¡Es el amigo más fiel que pueda existir en todo el universo!

Cuidado, que no estoy diciendo que haya ocurrido un cambio de roles. Jesús sigue siendo nuestro Señor. Él sigue siendo a quien debemos adorar y amar. Él sigue siendo ese Rey que se merece recibir toda la gloria y la honra. Él sigue siendo el Salvador del mundo. Él sigue siendo el Todopoderoso. Él sigue siendo aquél a quien servimos. Pero, ¡quién lo diría! Él ahora también es mi amigo. Tu amigo. Nuestro amigo. No porque seamos dignos, sino porque él así lo ha decidido.

SIERVOS POR AMISTAD

Muchos sirven a Jesús por esclavitud, pero a mí me gusta servirle por amistad. De hecho nunca, en los más de 20 años que llevo de servicio, lo he sentido como una carga pesada. Jamás me he sentido un esclavo, de esos que tienen que hacer las cosas por la fuerza, ni he sentido miedo de que, si dejo de servirle, él vaya a castigarme. Le sirvo porque él me ama, y porque yo lo amo a él. ¡Y no pienso dejar de servirle jamás!

Nunca he tenido la sensación de que él me esté vigilando para ver si hago las cosas mal, o para despedirme y dejarme sin trabajo (o sin ministerio) si es que me equivoco en algo. Sin embargo, esto no me hace ser ligero en mi servicio, o no ser fiel. Simplemente hago mi trabajo para él, de la manera más relajada y disfrutable posible, y sé que mientras yo vea que lo que hago para él está dando fruto, el fruto que él me pide, puedo estar tranquilo de que lo estoy haciendo de la manera que él lo desea. Eso es lo que significa para mí servirle con una mentalidad de amigo.

Muchos sirven a Jesús con mentalidad de esclavos. Con pesar, con sufrimiento. Pero esa mentalidad de esclavos les roba la vida (¡la vida que él les dio!), les roba la alegría (¡la alegría que él les dio!), y les roba la oportunidad de ser felices en la tierra, por pensar que solo en el cielo nos estará permitido reír y pasarla bien.

Entiendo que en la Biblia encontramos siervos de Dios que se decían esclavos de Jesús. Incluso pareciera ser que «esclavos de Cristo» o «esclavos de Dios» era la autodesignación favorita de los apóstoles y otros escritores de la Biblia. Santiago emplea este título en el versículo de apertura de su epístola (Santiago 1.1), y lo mismo es cierto en el caso de Pedro (en 2 Pedro 1.1), de Judas (en Judas 1) y de Juan (en Apocalipsis 1.1). Además, Pablo repite que él es esclavo de Cristo en otras cartas: Romanos, 1 Corintios, Gálatas, Efesios, Colosenses, 2 Timoteo y Tito. El tema es que Pablo y todos los demás se refieren en estos versículos a que *somos de su propiedad*. Y sí, ¡yo soy propiedad de Cristo! Pero no lo veo como el amo, lo veo como el amado. Lo veo como aquel al que sirvo por amor y no por imposición.

El problema es que muchos se sienten esclavos en el sentido de aquellos que fueron esclavos en Egipto. Sin poder tomar decisiones, siendo explotados, siendo oprimidos, comiendo lo que el amo quiere que coman y no lo que se les antoja comer. Creen ser como esos esclavos que debían hacer ladrillos hasta desmayar, ¡pero Jesús desea que seamos sus amigos, y si queremos hacer una misma cosa desde el amanecer hasta la puesta del sol, debería ser alabarlo y decirle cuánto lo amamos!

No, ya no somos ese tipo de esclavos. Pertenecemos a Jesús, sí, pero ahora somos sus amigos.

Los esclavos siempre han necesitado muros y vigilancia para no escapar. Jesús no le puso límites a nuestra libertad, porque confía en nosotros. ¡Soy el esclavo más libre de la tierra!

Eso es lo que Jesús dijo en Juan 15.15, el versículo que leímos al inicio de este capítulo. Soy amigo de Jesús, y si soy su amigo, es porque él me tiene confianza.

La confianza es crucial en una relación de amistad. Jesús nos dice que él nos confió las cosas que su Padre le había dicho. ¡Todo lo que Jesús le oyó a su Padre, nos lo ha dado a conocer!

Esos secretos profundos solo se comparten con amigos. Hay asuntos de la vida que solo se le pueden revelar a los amigos, y a nadie más. Recibir el secreto de una persona que es tu amiga te dice mucho. Te dice que te ama, te dice que te tiene confianza, te dice que tú eres esa caja fuerte donde puede dejar con tranquilidad las cosas que en otro lugar no podría dejar. Los secretos más intensos son una prueba de verdadera amistad.

Desde mi punto de vista personal sobre las amistades, si no hay secretos, entonces esa no es una amistad que haya pasado la prueba de la autenticidad. Así es que para mí es muy emocionante que Jesús nos haya dado esa prueba de su amistad, una prueba de confianza profunda en nosotros.

Pero hay otro aspecto más de la amistad que Jesús nos ofrece que a mí me encanta. La modalidad de amistad que Jesús quiere con nosotros es una amistad donde él jamás nos hará un desaire, jamás nos humillará, y jamás nos dejará caer. Jesús se baja a nuestro nivel. Al hacernos sus amigos, se iguala con nosotros, y nos iguala a nosotros con él. Y él tiene una amistad de no competencia con nosotros. Por eso es que puede decirnos lo siguiente:

Juan 14.12

«Les aseguro que el que cree en mí hará las mismas obras que yo hago, y hará obras todavía mayores porque yo vuelvo al Padre».

Cuando un amigo te dice que se alegraría de que tú hagas cosas mayores que las que él mismo hizo, ¡eso es amistad verdadera!

Además, como si todo esto fuera poco, ¡me gusta saber que Jesús fue quien tomó la iniciativa! Esta amistad no la empezamos nosotros. ¡Fue idea de Jesús! (¡Pero recuerda que a ti y a mí nos toca cuidarla!).

Esta amistad es duradera, es eterna, porque la empezó él. Por eso, aunque a veces le fallamos, nuestra amistad sigue. Porque él siempre estará ahí.

No sé a ti, pero a mí me da seguridad ser su amigo.

No sé a ti, pero a mí me da tranquilad saber que tengo una relación de amistad con él.

No sé a ti, pero a mí me alegra saber que no soy simplemente su empleado o su siervo.

No sé a ti, pero a mí me dan ganas de gritarlo y de presumirlo por dondequiera que voy: ¡Soy amigo de Jesús! ¡Jesús es mi amigo y lo será por siempre!

Incluso se me ocurre un aspecto más de la amistad con Jesús que me gustaría mencionar aquí. Y es que la amistad es una relación que pone en común los bienes de uno con los del otro. Es cierto que no hay un contrato formal que lo diga, pero es algo que va sucediendo de forma natural: cuando tienes una verdadera amistad con alguien, las pertenencias de tus amigos son tan tuyas, como las tuyas de tus amigos.

Yo tengo tres amigos desde hace más de 20 años, y entre nosotros ya no hay necesidad de pedirnos formalmente nada. Desde un perfume hasta el coche, todo lo que tenemos nos pertenece a todos, y todos lo sabemos. Sabemos que los cuatro podemos contar los unos con los otros en todo, incluyendo las cosas materiales.

¡Lo mismo sucede con Jesús! Cuando él dice que nos hace sus amigos, nos está diciendo: «Todo lo que es mío es de ustedes, todo les pertenece. Tienen acceso a todo. Úsenlo, compártanlo, y deléitense en todo lo que es mío, porque también es de ustedes».

¡¿Te das cuenta de lo increíble que es ser amigos de Jesús?!

Y hay otro *plus* más: si logramos aceptar, experimentar, y corresponder esa amistad que Jesús nos ofrece, entonces estaremos listos para ser amigos de las otras personas que están a nuestro alrededor. Algo así como: «Soy amigo de Jesús para poder ser mejor amigo de los demás, ¡porque ahora sé cómo se hace!».

Al modelar en nuestra vida personal la clase de amistad que vemos y aprendemos de Jesús, muchos serán beneficiados, porque la nuestra será una amistad verdadera.

JESÚS NOS AMÓ PRIMERO A NOSOTROS

La Biblia nos dice:

> **1 Juan 4.19 (RVR60)**
>
> «Nosotros le amamos a él, porque él nos amó primero».

Así que todo lo que hagamos por él, él lo hizo primero por nosotros. Si lo amamos, es porque él nos amó primero. Si lo servimos, es porque él nos sirvió primero. Si lo buscamos, es porque él nos buscó primero... Y porque él nos encontró primero a nosotros, nosotros pudimos encontrarlo a él.

La iniciativa para que nuestra relación de amistad sea una realidad nació en el corazón de Jesús, no en el nuestro. ¡Qué emoción es saber que ese Jesús, a quien llaman el Salvador del mundo, el Todopoderoso, el Eterno, el Príncipe de Paz, el dueño de todas las cosas, fue el mismo que tomó la decisión de buscarnos para ser nuestro amigo! ¡Qué enorme privilegio!

Y claro, el comprender esto nos desafía y nos marca el camino en nuestras propias relaciones de amistad con otras personas...

No tengamos miedo de buscar una amistad nueva.

No tengamos miedo de ser nosotros los que provoquemos que nazca una amistad donde hasta ayer no la había.

No tengamos miedo de ser nosotros los que tomemos la iniciativa de hacerles bien a otras personas, de amarlas, de buscarlas, de cuidarlas.

Somos nosotros los que debemos tomar la iniciativa de amar a la otra persona, se lo haya ganado o no. Somos nosotros los que debemos tomar la iniciativa de buscar a ese amigo en todo tiempo, aun cuando esté alejado. Somos nosotros los que debemos tomar la iniciativa de dar sin esperar recibir nada a cambio. Somos nosotros los que debemos tomar la iniciativa para hacer que esa relación de amistad funcione.

¿Es cansador? Sí. ¿Cuesta trabajo? Sí. ¿Cuesta tiempo? Sí. ¿Puede llegar a ser desgastante? Sí. ¡Pero siempre vale la pena el esfuerzo invertido en un amigo!

Que ni el orgullo ni la arrogancia ni la pereza nos roben la alegría de tomar la iniciativa, de ser los primeros en tomar acciones que tengan que ver con amar, con perdonar, o con cultivar una bella amistad. El esperar que el otro lo haga puede significar el fin de una relación...

Muchas veces el problema es que no queremos tomar la iniciativa por las malas experiencias que hemos vivido en el pasado. Sentimos el impulso de hacer algo, pero el recuerdo de nuestras experiencias anteriores nos paraliza. Y es que tiempo atrás ya decidimos que no volveríamos a vivir una mala experiencia con una amistad nueva, y entonces preferimos quedarnos con las cicatrices que nos han dejado los tristes episodios del pasado. Y entonces...

Sentimos que no tenemos fuerzas ni ganas de intentarlo una vez más.

Creemos que las amistades se hicieron para todos menos para nosotros.

Perdemos las esperanzas de poder tener ese «mejor amigo» o esa «mejor amiga» de los que otros hablan.

La tristeza por no contar con un amigo se nos hace cada vez más profunda, pero, a pesar de esa tristeza, la iniciativa de empezar una amistad no surge en nosotros.

Caminamos por el mundo con la cabeza gacha, porque el miedo a ser heridos nuevamente hace que no queramos encontrarnos en el camino con una sola posibilidad de ser «atrapados» por una nueva amistad.

Y todo esto por haber vivido un fracaso con algún amigo... Un fracaso que dolió mucho, tanto que nos dejó asustados y decididos a no volver a intentarlo jamás.

¡Esto debe cambiar!

¡Debes volver a intentarlo!

Por favor, abre tu vida a una nueva posibilidad de amistad. ¡Tienes que hacerlo!

Tienes que arriesgarte una vez más. Debes creer que ahora sí puede funcionar. Piensa en Jesús, y recuerda que él no permitió que una mala experiencia de amistad (con Judas) arruinara 11 experiencias bellas (con los otros discípulos).

Estate preparado. Te digo esto sin miedo a equivocarme, porque recientemente me ha pasado: Dios pondrá personas nuevas en tu camino. Para que llores con ellos y ellos lloren contigo; para que rías con ellos y ellos rían contigo. Pondrá personas a las que nunca imaginaste que les abrirías tu corazón, y esas personas lo van a sanar, a cuidar y a defender. ¡Las nuevas experiencias de amistad sí son posibles!

La vida se trata de creer. Nuestro caminar con Jesús se trata de creer...

Creer que una nueva amistad puede aparecer en nuestras vidas en cualquier momento.

Creer que todo estará bien aun en medio de la realidad cruel o tormentosa que nos pueda tocar atravesar, porque tendremos un amigo a nuestro lado.

Creer que nos vendrán las fuerzas necesarias aun en medio de la debilidad provocada por los desgastes de la vida, para que nuestra amistad no sea derrotada por las superficialidades que puedan amenazarla.

Creer que a través de la amistad nos llegará consuelo en los momentos de desolación.

Creer que la suave caricia de una amistad nos confortará cuando el alma duela.

Creer que cuando caigamos en un pozo de desesperanza, nuestro espíritu encarcelado será libre una vez más y podrá volar hasta tocar el cielo, solo porque un amigo nos dirá que es posible.

Creer que en la vida todo tiene solución, y que lo que no tiene solución se solucionará aceptándolo, pero no solos, sino con la ayuda de un amigo que nos haga compañía, que nos escuche y nos entienda.

Creer que un nuevo amigo llegará cuando otros se alejen.

Creer que los más lindos escenarios se engalanarán con nuestra amistad, y que lograremos cosas grandes juntos.

¡Creer que seremos los protagonistas de las mejores relaciones de amistad que puedan existir!

La vida se trata de creer...

¿Qué me ha inspirado a escribir esto? Nada más y nada menos que la amistad que tengo con Jesús desde hace ya más de 20 años. ¡Jesús me inspira a creer que la verdadera amistad es posible, y que es hermosa!

CAPÍTULO 06

LA AMISTAD Y LA TRAICIÓN

Si una amistad se termina,
es porque nunca empezó.

La traición no solo aparece en las telenovelas. La traición es un problema de la vida real. Todos hemos escuchado historias donde la traición arruina relaciones, ya sea familiares o laborales: entre hermanos, entre socios, entre jefe y empleado... Todos estos casos son terribles, pero cuando la traición irrumpe en el territorio de la amistad es algo escalofriante. Tiene su propio matiz, y es mucho más fuerte e intensa que en cualquier otra área de la vida.

Te traiciona un socio, y te buscas otro.

Te traiciona un primo, y bueno, total te quedan otros tres más.

Te traicionan en el trabajo, y contratas otro empleado.

Pero te traiciona un amigo, ¡y sientes que tu mundo se cae a pedazos!

La traición de un amigo es una de esas experiencias que ninguno de nosotros quisiera tener. Daríamos todo con tal de no tener que sufrir esto jamás. Preferiríamos pasar por cualquier otra cosa negativa, en lugar de sentir la traición de ese amigo en el cual tanto confiábamos y al que le compartimos nuestra vida y nuestros sueños.

La traición, ya en su modalidad natural, es cruel, cínica, insensible y feroz. Carcome la paz, las emociones, y los pensamientos. Provoca insomnios largos, llenos de momentos donde la única pregunta que nos repetimos una y cien veces es: «¡¿Por qué?!», y aun despiertos sufrimos pesadillas cargadas de escalofríos.

Pero como el «¡¿Por qué?!» a veces no tendrá respuesta, y como la traición es un hecho que muchos de nosotros hemos sufrido o sufriremos, tal vez la pregunta que nos convendría hacernos es otra...

¿QUÉ HACER CUANDO UN AMIGO NOS TRAICIONA?

La Biblia nos enseña a través de Jesús lo que debemos hacer.

Si es un verdadero amigo, necesitamos seguir amándolo, perdonarlo, y recuperarlo. Podemos ver este ejemplo en cómo Jesús restauró su amistad con Pedro luego de que éste lo negara tres veces.

Pero Jesús tenía otro amigo que lo traicionó. Tal vez sea la historia de traición más contada en el mundo. Estoy hablando de Judas.

Jesús no pudo recuperar a este amigo porque se quitó la vida, pero de no haber sido así, ¡ten por seguro que Jesús le hubiera dado una nueva oportunidad! Lo hubiera seguido amando, lo hubiera perdonado, y lo hubiera recuperado.

Lamentablemente no podemos ver todo esto en la Biblia porque Judas se quitó la vida. Pero lo que sí podemos ver es el proceso de esta traición; la manera en la que Jesús la vive, y cómo reacciona.

Yo enseño acerca de la traición de una forma más general en mi libro «La vida detrás del telón», pero aquí me interesa enfocarme en la traición específica de un amigo. Tal vez, incluso, de ese amigo con el cual llevas adelante tu ministerio...

Judas se convirtió en el paradigma de traidor, una palabra tan aborrecible, al entregar a su mentor a los soldados romanos en el huerto de Getsemaní. Para Judas, Jesús era su mentor. Pero para Jesús, Judas era su amigo. Muchos van más lejos y dicen que debía ser su mejor amigo y su hombre de confianza, pues Judas era el tesorero de Jesús. (Nadie dejaría su dinero al cuidado de una persona en la que no confía, ¿no lo crees?).

Sea como fuere, este odiado personaje traicionó y entregó a aquel con quien había caminado por más de tres años, con quien había comido, con quien había viajado, y con quien había compartido días y noches durante una larga temporada. ¡Cuántas conversaciones juntos, cuantos momentos habrán ayudado a forjar esa amistad que los llevaría a tener la confianza como para comer del mismo plato en la cena más recordada de todos los tiempos!

¿Qué habrá pasado por la mente de Judas? ¿Lo habrá hecho por las monedas de plata que recibiría a cambio, o simplemente lo venció su propia naturaleza humana? Me asusta pensar que en nuestra naturaleza esté el traicionar, pero tal vez sea así...

Lo que sabemos es que Judas traicionó a Jesús por 30 monedas de plata. Esto equivaldría hoy en día a un poco más que 65 dólares. ¡Pero una amistad vale mucho más que 65 dólares! Puede parecer algo obvio, pero estemos alertas, porque esos 65 dólares pueden representar las cosas pequeñas e insignificantes por las que podríamos perder a un amigo. Siempre cuidamos los grandes temas, pero a veces dejamos pasar las pequeñas cosas, los detalles, que sin darnos cuenta comienzan a deteriorar nuestra amistad.

Pero volvamos al relato bíblico. Te invito a que analicemos juntos algunas de las actitudes y reacciones de Jesús frente a la traición de su amigo Judas. Yo encuentro varios puntos interesantes:

Por empezar, Jesús no evitó que sucediera.

Jesús sabía que Judas lo iba a traicionar desde antes de que esto ocurriera, y no lo evitó. Jesús lo vio venir y no hizo nada para impedirlo. De hecho, ni siquiera le reprochó nada a Judas. Lo único que leemos es un anuncio en el que Jesús dice: *«Les aseguro que uno de ustedes, que está comiendo conmigo, me va a traicionar»* (Marcos 14.18). Eso fue todo. Y la verdad, siempre me he preguntado por qué no lo impidió, pero ese es otro tema. El punto que quiero tratar aquí es que intentar evitar una traición no provocará que ésta salga del corazón de la otra persona. La traición ya se apoderó de su mente y de su corazón, y aunque le duela lo hará. Yo siempre he imaginado a Judas entregando a Jesús con lágrimas en sus ojos y con el corazón partido, como si ya nada pudiera hacer para detenerse, porque ya había permitido que algo o alguien le susurrara al oído, motivándolo a hacerlo, y ya se había corrompido, ya lo había visualizado, y ya lo había maquinado. A estas alturas, ya alguien o algo le había ofrecido un poco más de 65 dólares, y él ya había aceptado.

Siempre he dicho, dondequiera que me ha tocado hablar o escribir sobre la traición, que tú y yo jamás podremos impedir que nos traicionen, porque la única persona que lo puede evitar es aquella que decidió traicionarnos. Y para ello necesita mucho valor, mucha fuerza de voluntad. Para que esa persona decida no ejecutar la traición ya premeditada, necesita las agallas de renunciar a aquellas cosas que iba a recibir por traicionarte. ¡Qué difícil!

Recuerda que tú no puedes cambiar lo que está en el corazón de la otra persona, no puedes mandar sobre las emociones de alguien. Lo que sí puedes hacer es tomar medidas, como las medidas que Jesús tomó. Y la primera medida que Jesús tomó frente a la traición fue no desenfocarse de su objetivo; no olvidar la misión por la que estaba en la tierra.

Yo leo la historia de Jesús y digo: ¡¿En serio, ya lo sabía y no hizo nada?! Y luego comprendo que hay momentos en los que nosotros no podemos hacer nada para evitar las malas experiencias, tan solo fortalecer nuestro espíritu y nuestras emociones, y estar listos para cuando el día malo llegue.

Y aun así dolerá.

A Jesús le dolió.

Pero deja de castigarte a ti mismo porque piensas que algunas cosas pudiste haberlas evitado, o porque crees que debiste haber sido más astuto. ¡No se trata de ser astutos en una amistad, ya que, a la luz de la Biblia, en una amistad debe haber una entrega total! Deja de torturarte intentando imaginar qué hubiera pasado si no le hubieras dado tanta confianza a ese amigo tuyo. Deja de culparte por haber abierto el corazón de esa manera. ¡La amistad se trata precisamente de eso, de una entrega total, de dar toda la confianza, y de abrir el corazón sin reservas! Fue tu amigo el que se equivocó al traicionarte, no tú al confiar en él.

Lo que debemos comprender es que hay cosas que son inevitables, aunque tengamos la facultad de evitarlas. Sé que esto suena muy raro, o tal vez incluso un poco masoquista, pero ya podré explicarte mejor lo que quiero decir cuando, unos capítulos más adelante, hablemos de la historia de David y Jonatán. ¡Ufff, qué historia! ¡Qué amistad! ¡Ya quiero que lleguemos ahí!

Otra cosa que tenemos que aprender es que la traición desnuda totalmente el corazón de la persona, y entonces podemos verla tal cual es. Muchas veces, aunque tengamos una amistad verdadera y profunda con alguien, comenzamos a jugar con caretas que empiezan a ocultar de a poco quiénes somos realmente, pero en algún momento hará erupción lo hay en el corazón. Entonces, cuando alguien te traiciona, una buena manera de tomártelo es decir: «¡Qué bueno que no intenté evitar la traición, porque si lo hubiera hecho, hubiera seguido viviendo engañado!». Otro aspecto importante es que cuando algo así pasa en una relación de amistad, es porque la amistad ya estaba resquebrajada en algún sentido (aunque tú no te hubieras dado cuenta). Por más dolorosa que sea la traición, puede llevarlos al terreno del arrepentimiento, el perdón y la reconciliación, y entonces pueden empezar de nuevo.

Ahora bien, tengo algo importante que reiterarte aquí. Y es que aun si esa amistad no se llegara a restaurar, no debes cerrar tu corazón a nuevas amistades.

¡No puedes cerrarle el corazón
a todas las personas
por culpa de una persona!

Si Jesús hubiera cerrado para siempre su corazón por culpa de Judas, ¡los que hubiéramos pagado el precio seríamos nosotros! Y vuelvo al ejemplo de Jesús porque realmente me sorprende, y me resulta admirable al mismo tiempo. ¡El ver cómo Jesús actuó durante el proceso de ser traicionado me enseña tanto sobre la verdadera amistad y sobre tener el corazón de Dios!

Por ejemplo, noto que él siguió llamando a Judas «amigo» aun cuando su acto de traición ya estaba encaminado. No le gritó, ni le dijo palabras feas o hirientes, ni lo acusó en frente de todos. Jesús no perdió su esencia, que fue amar y perdonar hasta el final. Jesús no perdió la pureza de su corazón. Él continuó llamando a Judas «amigo», y lo hizo con amor y no con sarcasmo. Leemos en Mateo 26.50 que cuando Judas se acercó a Jesús para traicionarlo entregándolo a sus enemigos, Jesús le dijo: *«Amigo, haz lo que viniste a hacer»*. Luego se dejó arrestar sin oponerles resistencia a los guardias que lo llevarían al peor de los sufrimientos. Aunque él bien sabía que ahí comenzaba un viaje sangriento y lleno de humillación, aun así llamó a Judas «amigo».

¡Qué impresionante lección!

¡Nunca renuncies a la palabra «amigo» solo porque otros sí lo hicieron!

Y aquí me pondré sentimental, te lo advierto, así que acerca la caja de pañuelos de papel... Pero es que no puedo evitar preguntarme: ¿cuál habrá sido la intención de Jesús al llamar a Judas «amigo» en ese momento tan terrible?

Yo creo que al llamarlo «amigo» le estaba demostrando que él (Jesús) no iba a echar por la borda la amistad sincera que habían compartido durante tanto tiempo, por un momento de avaricia y de deslealtad de su amigo.

Al decirle «amigo» le estaba dejando claro que, a pesar de todo, él iba a seguir siendo su amigo hasta el final.

Al decirle «amigo» le estaba diciendo: «Lo que siento por ti es más fuerte que tu traición».

Al decirle amigo le estaba diciendo: «Lo que estás haciendo no cambia lo que yo sentiré por ti siempre».

Jesús consideró que no era un momento adecuado para reproches ni reclamos. Jesús consideró que era el momento adecuado para dejarnos una valiosa lección acerca del perdón.

Yo interpreto que ese «amigo» que salió de los labios de Jesús en el mismo momento en que estaba siendo traicionado significó: «¡Te perdono ahora mismo! ¡No lo dejaré librado al tiempo, porque el tiempo también me puede traicionar!».

Y también imagino que en ese momento Jesús debe haber pensado: «Me quedan además otros once amigos todavía conmigo, y ellos me necesitan con el corazón sano».

¿Te traicionó un amigo? Entonces mi pregunta para ti es: ¿cuántos amigos que te aman aún quedan a tu alrededor? ¡Vamos! ¡Supera esa traición y continúa disfrutando al resto de tus amigos! Y no te cargues más echándote la culpa por lo que sucedió, porque realmente no la tienes. El otro cambió; tú sigues siendo la misma persona. Con una cicatriz nueva, pero la misma persona.

¿Por qué escribo todo esto? Porque quiero asegurarme de que camines sano en tu liderazgo, o en tu ministerio. No amargado, no sangrando, no sintiéndote culpable, sino sano, limpio, y sin perder el enfoque.

Lo más triste de la traición es que nunca proviene de tus enemigos, sino que proviene de la gente que más amas, y por eso duele. Y sé que es muy difícil perdonar, llamar «amigo» al que te lastimó, y superar el dolor que produce una traición. ¡Pero en Cristo Jesús es posible superarlo todo!

JESÚS NO PERDIÓ SU PAZ

Jesús no perdió su paz aun cuando él sabía que lo iban a traicionar. Sin embargo, nosotros muchas veces hacemos al revés. ¡Perdemos la paz por las dudas! Andamos paranoicos, sospechando de todo el mundo, e intentando intuir quién será el próximo que nos va a traicionar... Tanto que hacemos sentir mal a personas que nos son fieles, y que jamás nos traicionarán.

Perder nuestra paz es perder nuestra alegría, nuestra capacidad de celebrar la vida, nuestra manera de expresarnos sin prejuicios, nuestra manera abierta de amar, y nuestra esencia, que es la que nos ha llevado a donde estamos. ¡No perdamos nuestra paz por una persona que sí la perdió!

De hecho, mi primer consejo es siempre este: intenta recuperar a ese amigo, aunque te haya traicionado. Perdónalo, y busca entrar con él en una etapa de reconciliación. Pero si ese amigo decide irse de tu vida, entonces tú ya no puedes hacer nada más que perdonarlo en el corazón y abrirte a nuevas amistades, reconociendo que tú solo no puedes caminar en el liderazgo.

¡Pero no te demores en perdonar esa traición! El liberar con tu perdón a la otra persona, te libera a ti también. No tengas atada a ti a esa persona que te traicionó, porque entonces sentirás la traición todos los días y a todas horas. Ya no la menciones, porque cada vez que mencionas a esa persona estás proyectando amargura, aunque no lo quieras reconocer.

Y a la vez, ten en cuenta el dolor tan profundo que debe estar sintiendo ese amigo que te ha traicionado. Tener esto en consideración puede ayudarte a que te resulte más sencilla la decisión de perdonarlo. Judas hizo algo que sin duda conmovería a cualquiera: ¡fue y se quitó la vida! Él no pudo soportar el remordimiento. Jesús lo había perdonado, pero él no pudo perdonarse a sí mismo...

Bueno, hemos llegado al final de este capítulo, pero quiero terminarlo recordándote algo que leímos juntos varias páginas atrás:

La soledad es un buen lugar
para encontrarse,
pero uno muy malo
para quedarse.

Recuerda que en una amistad todo puede suceder, incluso una traición. ¡Pero una amistad verdadera debe y puede restaurarse en Cristo Jesús!

CAPÍTULO 07

SI TE CAES, TE LEVANTO

A pesar de todos tus defectos,
tu verdadero amigo te ama.

La Biblia dice:

Proverbios 24.16 (NVI)

«...porque siete veces podrá caer el justo,
pero otras tantas se levantará;
los malvados, en cambio,
se hundirán en la desgracia».

Ninguno de nosotros está exento de caer, ya que la Biblia nos habla de que los justos también caen. La pregunta que, entonces, cada uno de nosotros debería hacerse es: «Si me caigo, ¿tendré quién me levante?».

¡Claro, porque el problema no está en caerte; el problema está en caerte y que no haya quién te levante!

Ese es el gran problema que yo observo en el ministerio y en el liderazgo de hoy. Por un lado, que hay muchos siervos de Dios intentando caminar solos... Y por el otro, que en nuestras iglesias hay una carencia terrible de personas que sepan levantar al caído con amor y sin exhibirle. ¡A veces me da vergüenza cuando veo gente de fuera que sin conocer a Dios, sin conocer la Biblia, sin conocer siquiera la palabra gracia ni la palabra misericordia, practican estas cosas mucho más que nosotros!

Y lo digo con tristeza, pero yo he escuchado hablar a ciertos líderes cristianos que, la verdad, ¡me da terror pensar que un día yo me pudiera caer cerca de ellos! Su forma de expresarse sobre las personas que se han equivocado o han pecado es tan agresiva, tan fría y tan cruda, que parece como si ellos jamás pudieran llegar a estar en la situación del caído. Su arrogancia es tan grande que hablan en un tono como si ellos fueran perfectos, y parece que se esmeraran en traer aún más juicio y vergüenza sobre el caído.

Es lamentable que esto esté sucediendo dentro de la Iglesia de Cristo en tantos y tantos lugares. Hace algunos años viajé a la Ciudad de México, y me sorprendió la conversación que de inmediato inició el pastor que vino a buscarme al aeropuerto. Tan solo en los primeros minutos de estar con él ya pude darme cuenta de varias cosas. Primero, que este pastor se creía el gran defensor de la santidad. Segundo, que él consideraba que podía decidir quiénes estaban avalados para predicar y quiénes no. Tercero, que evidentemente él sentía que parte de su deber era estar al tanto de quién caía, para encargarse de anunciarlo a los demás. A todo esto agrégale el ingrediente de que él no tenía ni una dosis de misericordia o de gracia.

Para resumirte la conversación, su primera pregunta fue acerca de una persona que tiene un ministerio, y sobre la cual se corría un rumor... Él me dijo: «Sé que has estado cerca de esta persona, ¿tienes algo que decirme?». A lo cual yo respondí: «Nada tengo para decirle». Entonces él continuó: «Pues te aconsejo que te alejes de esta persona. Merece quedarse solo, pero si sabes algo, tu deber es exhibirle». Yo por mis adentros pensaba: «¡No puedo creer lo que estoy escuchando!». Así que, con gran dolor en mi ser por lo que estaba escuchando, tan solo le respondí: «Mire hermano, en primera, no sé nada. En segunda, si esto fuera cierto, yo sería el primero en abrazar a esta persona y levantarla. En tercera, si supiera algo concreto, usted sería al último a quien yo se lo contaría. Y en cuarta, pues ya no hay cuarta porque ya me hizo enojar. Pero en quinta, qué triste que alguien con tanta influencia como usted piense así. Que solo piense en traer juicio y exhibir a la persona que se cayó en lugar de levantarla. De verdad y de corazón le digo que espero que usted jamás pase por algo así.

¿Sabes lo que me respondió? «No te preocupes, yo jamás estaré en esa posición, porque soy el defensor de la santidad y del avivamiento en México».

Lo que acabo de contarte es una historia real, y como esta historia podría contarte muchas, muchas. Es algo que lamentablemente he visto con mis propios ojos a lo largo de mi caminar en esta aventura tan bella llamada ministerio.

Los de afuera levantan; los de adentro patean.

Los de afuera con el tiempo se olvidan de tu caída; los de adentro te la recuerdan siempre.

A los de afuera no les importa quién eres; los de adentro, entre más grande sea tu liderazgo o más conocido seas, más saña tendrán contra ti.

Los de afuera lloran contigo; los de adentro sonríen cuando caes.

Bueno, tampoco quiero generalizar tanto, pero la mayoría lo hace, ya que es una cultura que hemos heredado por generaciones. ¡Pero urge que esto cambie! Mi deseo es que esto cambie, y pronto. Que seamos más los que levantamos a otros, que aquellos que los dejan caídos.

¡Seamos tú y yo un factor de cambio en la Iglesia de este siglo!

Todos cometemos errores, pero muchas veces, en vez de pedir ayuda, los mantenemos ocultos porque no tenemos a nadie confiable a quién contárselos. ¡Qué triste es esto! La vida sería más sencilla de llevar si tuviéramos un amigo a quien pudiéramos hablarle con total confianza y honestidad acerca de nuestros fracasos, de nuestras faltas, de nuestras caídas.

¡Seamos más como Jesús! ¡Él no quiere ver a nadie caído!

Siempre me conmueve aquella historia donde una mujer adúltera estaba a punto de ser apedreada... ¡y apedreada por supuestos seguidores de Dios! (Es triste saber que muchos matan en el nombre de Dios, ¿no es así?). Aquí te pongo directamente la historia de la Biblia. Necesito que la leas, por favor, y después la analizaremos juntos.

Juan 8.1-11

«Pero Jesús se fue al monte de los Olivos. A la mañana siguiente regresó al templo. La gente se le acercó, y él se sentó a enseñarles. Entonces los maestros de la ley y los fariseos llevaron a una mujer que había sido sorprendida en adulterio. La pusieron en medio del grupo y le dijeron a Jesús:

–Maestro, esta mujer ha sido sorprendida en el momento mismo en que cometía adulterio. La ley de Moisés nos ordena que debemos apedrear a esa clase de mujeres. ¿Tú qué dices?

Ellos le estaban poniendo una trampa al hacerle esa pregunta, para así tener de qué acusarlo. Pero Jesús se inclinó y comenzó a escribir en el suelo con su dedo. Como seguían haciéndole preguntas, se enderezó y les dijo:

–Aquel de ustedes que nunca haya pecado, tire la primera piedra.

Y se inclinó de nuevo a seguir escribiendo en el suelo. Al oír esto, los más viejos comenzaron a irse, y luego poco a poco los demás también se fueron. Sólo la mujer seguía allí y Jesús se quedó solo con ella.

Entonces él se enderezó y le preguntó:

–Mujer, ¿dónde están? ¿Nadie te ha condenado?

Ella dijo:

–Nadie, Señor.

–Yo tampoco te condeno. Vete y no vuelvas a pecar».

Una historia real, con una pecadora real, y con un amor real, perdonándola...

Por empezar, observemos que efectivamente esta mujer había caído en adulterio, o sea que no era ningún rumor. Jesús no la salvo ni la defendió de un rumor. Ella realmente había pecado. El texto dice que la encontraron en el acto de adulterio, es decir que no había nada que discutir. Estos fariseos decían la verdad, y efectivamente por ley tenían el derecho de apedrearla hasta matarla. Es decir que a pesar de que esta mujer merecía un castigo según la ley de estos «ministros aprobados», ¡Jesús la defendió!

Creo que todos necesitamos un amigo que nos defienda sin importar lo que diga la ley impuesta por otros, sin importar las reglas de las denominaciones, y sin importar lo que todos los demás digan.

¡Recordemos que todo esto se trata de personas y no de cosas! Cuando una cosa se te cae y se quiebra, no hay problema, solo la arrojas a la basura. ¡Pero con personas, con vidas, no podemos hacer esto!

Necesitamos amigos a nuestro alrededor que sean capaces de enfrentar un sistema religioso para salvarnos de la muerte, que sean capaces de exponerse ante la crítica por haber defendido a un pecador. ¡Yo anhelo ser ese amigo para otros!

También vemos en el pasaje que Jesús enfrentó a quienes intentaban ponerle una trampa por haber defendido a esta mujer, diciéndoles: «*Aquel de ustedes que nunca haya pecado, tire la primera piedra»*. Así, nos dejó claro que ninguno de nosotros tiene derecho a apedrear a nadie por su pecado, ¡porque todos somos pecadores! Y vemos en la historia cómo todos sueltan las piedras en el suelo, y uno por uno se van yendo, dejando sola a esta mujer con aquel Jesús que la había defendido simplemente por amor (y no por cubrir su pecado, que es lo que muchos hoy piensan que hacemos cuando actuamos de la misma manera).

Luego de esto aparece la imagen más tierna y conmovedora de esta historia: Jesús se acerca a esta mujer y le dice: «¿Te hicieron algo? ¿Estás bien?». Ella responde: «No, no me hicieron nada. Estoy bien, gracias». Y enseguida Jesús le dice: «Yo tampoco te condeno». ¡Vaya, qué manera de enseñarnos! Jesús mismo, pudiendo juzgar, le dice a la mujer pecadora: «Yo tampoco te condeno». Cuando yo leí esto por primera vez, pude escuchar a Jesús que me decía: «Nunca dejes de sentir misericordia y gracia por las demás personas».

¡Tenemos tanto que aprender de Jesús! ¡A los pecadores no se les mata, a los pecadores se les perdona! ¡A los pecadores no se les apedrea, a los pecadores se les ama!

Finalmente, las últimas palabras de Jesús para esta mujer que había caído, y que él mismo había levantado, fueron: *«Vete y no vuelvas a pecar»*. En otras palabras, lo que Jesús le dijo a esta mujer fue: «No lo vuelvas a hacer. Te espera una vida mejor...». Estas palabras son prueba de que Jesús no era alguien que solapaba el pecado. Él no estaba tapando el pecado, o diciendo que no había existido. Jesús, con mucho amor y ternura, simplemente estaba perdonando el pecado, y le estaba dando a la mujer pecadora una nueva esperanza.

¿Qué podemos aprender de esta historia? Que los justos a veces caen. Lo triste es que casi no hay justos que levanten a los justos que han caído. Por eso mi oración es: «¡Señor, por favor, levanta justos que levanten a otros justos que también tu amas a pesar de que cayeron!».

La idea equivocada de muchos cristianos es pensar que no necesitan a nadie para que los levante, porque Dios lo puede hacer. Y claro que Dios puede hacer cualquier cosa, pero él suele usar a otros justos para levantar el justo que está en el suelo. ¡Necesitamos tener cerca amigos que nos levanten cuando caemos! ¡Y necesitamos ser nosotros mismos ese amigo lleno de amor y de misericordia que levante al otro cuando ha caído!

Algo que a mí me llamo la atención cuando conocí a Jesús fue su sistema tan práctico y humano para hacer las cosas, sin dejar de ser ese Dios sobrenatural tan profundo que es.

Por eso es que me atrevo a decir esto:

Dios se vale de seres humanos para bendecir a otros seres humanos.

Dios se vale de seres humanos para amar a otros seres humanos.

Dios se vale de seres humanos para abrazar a otros seres humanos.

Lo divino, Dios lo hace a través de seres humanos.

Y si no, mira la siguiente historia. En una misión tan importante, Dios confió en un ser humano para llevar a cabo su plan perfecto:

> **Lucas 1.26-38**
>
> «A los seis meses, Dios envió al ángel Gabriel al pueblo de Nazaret, que pertenecía a la región de Galilea. Fue a visitar a una joven virgen llamada María, que estaba comprometida para casarse con un hombre llamado José, que era descendiente del rey David. El ángel entró donde ella estaba y le dijo:
>
> –¡Te saludo, a ti que has recibido la bendición de Dios! El Señor está contigo.
>
> María se sorprendió al escuchar estas palabras, y se preguntaba qué significaría ese saludo.

El ángel le dijo:

–No tengas miedo, María, porque Dios te ha concedido su favor. Vas a quedar embarazada y tendrás un hijo, y lo llamarás Jesús. Él será un gran hombre, y le darán el título de Hijo del Altísimo. Dios el Señor lo hará rey como hizo rey a su antepasado David, y reinará para siempre sobre el pueblo de Jacob. Su reinado no tendrá fin.

María le preguntó al ángel:

–¿Cómo va a suceder esto, puesto que soy virgen?

El ángel le contestó:

–El Espíritu Santo vendrá sobre ti y el poder del Altísimo te cubrirá con su sombra. Por lo tanto, al santo niño que va a nacer lo llamarán Hijo de Dios. También tu parienta Elisabet, a pesar de ser anciana, va a tener un hijo. La gente decía que ella era estéril, y desde hace seis meses está embarazada, pues para Dios no hay nada imposible.

María dijo:

–Soy la esclava del Señor. Que él haga conmigo como tú me has dicho.

Y entonces el ángel se fue».

En este pasaje bíblico vemos a Dios usar a María, un ser humano, para poner a Jesús dentro de ella, y dar inicio así a un plan divino que tenía que ver nada menos que con la salvación de toda la humanidad. Sí, el nacimiento de Jesús era parte de un plan divino, ¡y Dios decidió llevarlo adelante por medio de un ser humano! Así es que espero que el haber leído una vez más de esta historia tan increíble te haya dejado claro que Dios quiere hacer lo divino a través de lo humano.

Y bueno, claramente restaurar al caído es algo divino. Es una idea de Dios, ¡pero él lo quiere hacer por medio de ti y de mí! Dejemos de pensar que los que caen no nos necesitan porque Dios los puede levantar. ¡Mejor pensemos que Dios quiere usarnos precisamente a nosotros para levantarlos! Cuando «el justo se levante», como dice tantas veces Proverbios, ¡seamos nosotros los protagonistas de esa historia de restauración!

Y aquí quiero hacer una aclaración muy importante, ya que este es un tema en el cual noto mucha confusión entre los cristianos: no se trata de cubrir el pecado, se trata de cubrir la vergüenza que produce ese pecado. Quien se cae, quien peca, quien falla, ya está atravesando una etapa de gran vergüenza en su vida. Una etapa que probablemente sienta que jamás superará. Si lo exponemos, su sufrimiento será aún mayor. Alguien que ama cubre la vergüenza de otra persona. Un amigo cubre la vergüenza de su amigo.

Hay un pasaje en la Biblia que a mí me encanta para aprender sobre cómo levantar al caído. Es la historia del hijo pródigo. Esta historia me emociona cada vez que la leo. Me hace ser más humano. Te pido que la leas conmigo ahora, pero hazlo despacio y prestando atención. No hay prisa. Supongo que ya la conoces bien, así que te pongo aquí solo la parte en que el hijo regresa y el padre lo recibe. Luego intentaremos pensar juntos en algunos pasos que podemos ver en esta historia, y que pueden servirnos de guía para levantar a alguien cuando caiga.

Lucas 15:20-24

> «...Cuando todavía estaba lejos, su padre lo vio y sintió compasión por él; salió corriendo a encontrarlo, lo abrazó y lo besó. El joven le dijo: 'Papá, he pecado contra el cielo y contra ti y ya no merezco que digan que soy tu hijo'. Pero el padre ordenó a sus sirvientes: '¡Pronto! Traigan la mejor ropa y vístanlo; pónganle un anillo en su dedo y sandalias en sus pies. Y que maten el becerro más gordo para hacer fiesta, porque este hijo mío

> estaba muerto pero ha vuelto a vivir; se había perdido y lo hemos encontrado'. Y comenzaron la fiesta».

Creo que hay cinco cosas importantes que debemos observar en esta historia:

Primero: **salió corriendo a encontrarlo, y lo recibió con alegría** porque lo estaba esperando.

¡Esa tendría que ser nuestra actitud ante el caído! Tener el deseo ferviente de que vuelva a casa, anhelar su regreso, y recibirlo con brazos de amor cuando llegue.

Segundo: **lo abrazó y lo besó**, es decir, lo recibió con amor y no con reproches.

A la hora de levantar a alguien que ha caído, los reproches están de más. Si de verdad quieres ayudar a ese amigo que cayó y que ha decidido regresar a casa, muéstrale que lo amas en lugar de llenarlo de reproches.

Tercero: **mandó a que le pusieran las mejores ropas**.

El padre no quería que la gente viera a ese joven zaparrastroso, maltratado por los malos días y demacrado por los efectos de sus malas decisiones y por su pecado. El padre del hijo pródigo mando a que pusieran ropas nuevas a su hijo para que él no pasara vergüenza. Probablemente haya pensado: «Entre menos personas se den cuenta de su caída, mucho menos sufrirá mi hijo».

Cuando alguien cae, levantémoslo cuidando su imagen. Nadie tiene por qué verlo mal. Para eso estas tú, para recibirlo tal como viene, y para devolverlo a la normalidad como si nada hubiera pasado. (Como ves, Jesús aquí está avalando cada acción que este padre realiza para restaurar a su hijo... y si te fijas bien, ese padre hizo todo lo contrario a lo que la mayoría de nosotros haríamos hoy en día, según la cultura de la que ya hemos hablado en páginas anteriores).

Cuarto: **mandó ponerle anillo al dedo.**

El anillo simboliza identidad. Cuando levantemos al amigo caído, preocupémonos por regresarle su identidad, esa identidad que perdió en el proceso de su falta. ¿Te imaginas al hijo pródigo de la historia, en el momento en que trabajó cuidando cerdos mientras sabía que en realidad era heredero? Por eso el padre se ocupó de devolverle su identidad. Devolverle la identidad al caído es devolverle su posición original. Es muy común que después de sufrir tanta vergüenza por su error, la persona entre en una crisis existencial, y esta debe ser nuestra manera de ayudarla.

Quinto: **mandó a hacer fiesta.**

¿Quién le hace fiesta a una persona que regresa de pecar? La respuesta es que nuestro Padre celestial hace fiesta cada vez que un pecador se arrepiente. ¡El cielo se llena de alegría y de celebración!

Y aquí vemos a este padre que dice: *«...porque este hijo mío estaba muerto pero ha vuelto a vivir; se había perdido y lo hemos encontrado»*.

Alguien que había venido de pecar fue perdonado por su padre quien lo recibió con amor, cuidó su imagen, le devolvió su identidad, y en vez de hacerle reproches, le organizó una fiesta.

No importa que nos critiquen algunos religiosos, ni que nos acusen equivocadamente por pensar que estamos intentando tapar el pecado. ¡Amemos al pecador! ¡Seamos esa clase de amigos que levantan al amigo caído con el mismo cuidado y la misma misericordia con que este padre recibió a su hijo! ¡Que el Señor pueda usarnos a nosotros, personas imperfectas, para su propósito divino de restaurar a otras personas también imperfectas!

CAPÍTULO 08

RESTAURANDO LA PALABRA «AMISTAD»

Tómate tu tiempo para decidir
quién será tu amigo,
y cuando lo hagas,
tarda mil años en cambiarlo.

Es triste escuchar que hay personas que no creen en la amistad. A ti incluso tal vez te sorprenda lo que estoy diciendo, y te estés preguntando: «¿Qué? ¿Cómo es posible que haya personas que no creen en la amistad?». Pues sí, efectivamente hay personas que, por una mala experiencia que sufrieron en algún momento de su vida, han decido no volver a creer en la amistad jamás.

Yo personalmente creo que para restaurar esta palabra y volver a creer en la amistad, es necesario primeramente restaurar nuestro corazón y comenzar una relación con Jesús. Creo que tener primero una amistad con él, nos llevará a creer nuevamente que es posible tener una amistad con otras personas. ¡Quien tiene una amistad con Jesús, siempre tendrá una opinión positiva sobre esta palabra!

Hace poco me atreví a preguntar en una de mis redes sociales para ver qué opinaba la gente acerca de la amistad, y me gustó leer las respuestas de tantas personas que han tenido un encuentro con Jesús. Realmente deseo compartir algunas de estas respuestas contigo, así que ahora mismo te estoy preparando otro rico café, mientras traslado un muro de Facebook hasta la comodidad de tu libro...

Leamos juntos:

Mario Sebastián S. G.: Una amistad fuerte no necesita conversaciones a diario; no siempre se necesita estar juntos. Mientras la amistad viva en sus corazones, los verdaderos amigos nuca se separarán.

Lorena L.: La amistad es sagrada. Se recibe con agradecimiento y es reverenciada con lealtad y apoyo intencional.

Champs B.: Es la combinación de varias ideas para retroalimentarse, siempre usando el amor, respeto, lealtad, uso de la buena convicción.

Olivia M.: Simplemente alguien que a pesar de verte en tus peores tormentas aún tiene fe en ti, para mí eso es la amistad.

Leticia V.: Es el amor que tienes de otros sin que te unan lazos sanguíneos. Con el tiempo forman una familia.

Sarita M. C.: La amistad es un regalo valioso donde dos o más personas compartimos momentos especiales; es una relación donde la sinceridad y la lealtad son parte de ella.

Kika A.: Lo más lindo es que tú las escoges, nadie te las impone, y a veces aunque sean amistades lejanas, tú sabes que siempre estás para ellos y ellos para ti. Amo a mis amigos.

Luz E.: Los amigos son familia de corazón; no llevan tu misma sangre pero están allí en momentos de alegría y de tristeza también; en los éxitos y en los fracasos; cuando todos están de tu lado o cuando te han dejado sola por las prisas de la vida. Pueden no hablarse todo el tiempo pero sabes que ahí están, que el amor no decrece, y en un minuto juntos tienes la sensación de que el tiempo de separación nunca existió. La amistad se lleva en el corazón; nunca inicia en la mente.

Lily Abigail U.: Amistad... familia que tienes el privilegio de elegir... Definitivamente algo que «se te da», muy sencillo cuando eres más joven, pero con el tiempo, la edad, y las experiencias, tiendes a filtrar mejor a esas personas a quienes les dedicas el título de amigo.

Amaya B.: Tus amistades se deben contar con los dedos de una sola mano. La gente confunde amistad con conocer a alguien y saber lo básico de esa persona. Un amigo/a te dice las cosas como son.

Carina Y.: Amistad es amar a una persona, aceptarse y aceptar al otro tal y como es o como somos, despojarse de todo y mostrarse como es uno. Hablo de ser genuinos, de una relación donde hay lealtad, misericordia, confianza y mucha comunicación. Amistad es un abrazo en forma de refugio, es el consuelo que te llena de nuevas fuerzas.

EliOca K.: Para mí la amistad es algo importante y especial en mi vida, ya que dentro de una amistad puedo encontrar la familia que yo escogí. Es algo tan delicado que lo debes cuidar, cultivar, regar, dedicar tiempo y esfuerzo. Es una de esas partes esenciales en tu vida que te motivan a seguir adelante, que está siempre ahí incondicionalmente para levantarte o para apoyarte.

Anggie V. C.: Para mí, la amistad es un regalo. En mis peores momentos he tenido a mis amigos cerca siempre. Si no fuera por mis amigos, mi vida hubiera sido muy triste. Estoy agradecida por tener amigos desde el kinder hasta mis casi 41 años. He sido muy afortunada en ese aspecto, y lo agradezco mucho.

Karina C.: Me encanta tener amigos, todos con diferentes personalidades, pero eso hace que tengas oportunidad de convivir de manera diferente con cada uno. Me gusta estar presente para mis amigos y creo que la amistad se cuida, se cultiva para que dure. Tengo amigos de más de 20 años y me encanta verlos crecer, y esas reuniones donde nos acordamos de todo lo que hacíamos, jajaja.

Betty M.: Para mí la amistad no es solo una palabra, expresión, o frase cliché. La amistad es acción. Acción para estar cuando alguien te necesita, acción para dar cuando alguien te pide, acción para estar con el que está en llanto sin decir una sola palabra, solo estar, y cuando es tiempo de reír hacerlo en desmedida. La amistad es un don, un regalo, que todos podemos tomar, pero no todos aceptamos ese regalo.

José M.: Al igual que el amor, es una decisión; es aceptar a una persona con sus virtudes y sus defectos, aceptarlo con sus errores. Los sentimientos son variables siempre; un día quieres a una persona y otro día no. Sin embargo, la decisión de seguir con ella es lo que le llamamos amor, o amistad... Eso es la amistad, «la decisión de aceptar a una persona a pesar de sus defectos y estar con ella sin importar las circunstancias».

¡Muy bien, gracias por acompañarme a leer este muro no-digital! Todas estas son opiniones reales de personas reales, y nos dejan ver que el tener una amistad con Jesús nos hace pensar de una manera especial en la palabra «amistad», y nos permite poder tener amistades hermosas con las demás personas.

Lamentablemente, en mi muro de Facebook también aparecieron algunas opiniones tristes... La verdad, no quiero llenar esta hoja con ellas, ya que creo que todos conocemos algunas personas que odian esta palabra y no quieren saber nada acerca de la amistad. Pero sí quiero poner aquí al menos algunas de estas opiniones para que nos pongan a pensar un poco. Si te quedó un poco de café en la taza, termínatelo leyendo estos tres comentarios:

Comentario 1: Amigos no tengo, conocidos muchos. Tengo una hermana que para mí es mi mejor amiga. Ella y yo aguantamos todo; nos podemos decir nuestras verdades y nunca nos enojamos; nos aconsejamos, nos regañamos, y nunca nos enojamos; en cambio los «amigos» solo quieren que les hables bonito. Si les dices algo que no les gusta, hasta dicen que les tienes envidia o que eres mala persona. Mi hermana y yo sabemos que podemos contar la una con la otra en lo que sea. Hablamos de Dios, y ninguna de las dos nos molestamos por no pensar igual. En cambio un «amigo» solo te busca cuando te necesita. Claro que hay sus excepciones, pero para mí, mi mejor amiga es mi hermana... Jajajaja, perdón, pero ya me desahogué.

Comentario 2: La amistad es personas interesadas para obtener beneficios. Los amigos solo ven qué pueden obtener a costa de los demás. No hay amistad sincera, siempre es por interés.

Comentario 3: Opino que no es algo necesario para vivir.

Creo que estas tres opiniones nos representan a muchos de nosotros por lo menos en determinado momento de nuestras vidas, ya que todos hemos pasado por decepciones con un amigo (y también todos hemos decepcionado a algún amigo...). Sin embargo, eso no significa que la amistad en este mundo no pueda ser real, ni tampoco significa que la amistad no sea necesaria.

De todos modos, respeto estas opiniones. La primera persona nos cuenta que confía en su hermana más que en nadie más, y de hecho uno de mis mejores amigos es mi hermano, por lo que comprendo lo que este comentario quiere decir. ¡Pero hay que salir al mundo y permitirle a esos que no son de nuestra sangre entrar a nuestro corazón en la modalidad de amigos!

Alguien más dijo que todo es interés. Y sí, tristemente hay muchas personas que abusan de algo tan limpio y honesto como debería ser la amistad, para sacar provecho. Pero al final, amistad es dar.

Y no porque el interés los una, sino simplemente porque amistad significa dar.

El tercer comentario dice que la amistad no es algo necesario para vivir, y yo puedo comprender a esta persona porque tal vez ya se haya acostumbrado a vivir sin amistades y sí, de hecho, tú puedes seguir respirando y funcionando de ese modo. Pero me gustaría poder aconsejarle que abra su corazón a la amistad, ya que los amigos son quienes pueden hacer menos grises nuestros días tristes, y más brillantes nuestros días felices. ¡La vida compartida con amigos es mucho más hermosa!

Pues bien, aunque el libro se titula «Tus amistades y la Biblia», en este capítulo quise compartir contigo lo que algunas personas piensan acerca de esta palabra hoy en día... Algunas opiniones positivas y otras no tanto, pero todas útiles para analizar y sacar conclusiones.

Ahora quiero que pongas atención a la voz de un amigo mío, psicólogo y colaborador de nuestro ministerio, que además es especialista y coach. Imagina que todavía estás en mi terraza, que en tu mano derecha tienes una rica taza de té (digo té porque ya hemos tomado mucho café), y en la mano izquierda tienes una revista de las más *cool*, esa clásica revista *top* con temas súper interesantes, y de pronto te encuentras con el siguiente artículo:

> **«¿A qué atribuimos que actualmente muchas amistades tiendan a ser superficiales y pasajeras?»**
>
> Bueno, tendríamos que comenzar aclarando que no solo se debe a una causa lineal o a un factor único, sino a causas diversas o multifactoriales. Es decir, no es solo un factor de origen, sino más bien varios factores con diferentes ópticas.
> El tema realmente es preocupante: en la actualidad, de cada 10 amistades, 8 se acaban pronto.
> Creemos que el primer y principal problema radica en no saber qué significa realmente la amistad; desconocer lo

que el concepto lleva en su interior. Se ha reducido a la simple compañía, o al solo tener algún lazo mínimo de comunicación.

No mucho tiempo atrás, la palabra «amistad» guardaba todavía un significado valioso. No se era amigo de cualquiera. Se nos enseñaba que los amigos eran personas muy importantes en nuestra vida, tanto como la familia. La amistad se definía como una relación interpersonal de afecto sincero y desinteresado hacia una persona, cimentada, muchas veces, en gustos parecidos, en valores como la empatía, el respeto, la honestidad, el agradecimiento, la bondad, y por supuesto el cariño. Se entendía como un deber el apoyar al amigo, y desear éxito y felicidad en su vida. En pocas palabras, era convivir con la otra persona con gusto, de corazón y siempre dando lo mejor.

Lamentablemente, en la actualidad existe una ausencia de guías, de buenos líderes, e incluso de padres de familia. Ahí empieza el problema, porque sufrimos esas ausencias. Además, se vive una guerra muy fuerte con el mal uso de la tecnología; el mar de información nos confunde en la llamada «guerra cibernética», que en vez de ayudar a aclararle el concepto a la persona, hace todo lo contrario: lo distorsiona.

Es un gran problema no tener claro qué es una amistad, porque esto nos lleva a elecciones equivocadas. Recuerdo con nostalgia cómo hasta hace algunos años, el elegir los amigos era tarea difícil. Analizabas muy bien con quién te juntabas, tus padres te guiaban, incluso en ocasiones ponías a los «candidatos» a prueba, y luego elegías. Resulta extraño que actualmente exista la moda de llamar «amigo» o «hermano» a personas que en ocasiones ni siquiera conocemos. Somos rápidos para depositar nuestra confianza en un extraño. Y esto es así porque vivimos en una sociedad muy «exprés» y muy competitiva, en la que se valora mucho tener una

gran cantidad de «amigos» en Facebook, como si eso te volviera más importante y popular.
Otro problema clave es que ya no nos sentamos a analizar lo anterior, a darle la importancia que se merece a una elección tan trascendente que incluso puede marcar gran parte de nuestra vida para bien o para mal. Vivimos en una vida acelerada, mundana y rápida. Por lo tanto, es como un efecto dominó: no sabemos qué es la amistad, y después no sabemos cómo elegir.
Por último, otro de los problemas que se observan es que no sabemos mantener una relación de amistad una vez que la hemos conseguido. Desconocemos qué hacer para que sea mejor cada día, para que tenga un toque de relación extraordinaria que haga de ella una amistad magnífica.
Concluyendo, tenemos que trabajar más en recuperar el valor de la amistad desde el más íntegro de sus significados, debemos ser más cuidadosos al momento de elegir nuestras amistades, y por supuesto debemos aprender a mantener y cuidar a esos amigos que la vida nos regale.

Con cariño, Roberto Guerrero.

¿Y, qué tal? Yo disfruté mucho esta sección, ya que aquí mi querido amigo y colaborador Roberto Guerrero, quien es un especialista en evaluaciones, intervenciones y soluciones sistemáticas al ser humano en las diversas áreas que lo rodean, nos pintó un cuadro muy real, nos hizo reflexionar, y nos llevó de regreso a la línea de partida para volver a hacer las cosas que hacíamos tiempo atrás a la hora de buscar, encontrar y cuidar una amistad. Creo que el verla desde los lentes de mi amigo Roberto, nos puede ayudar en alguna manera a restaurar la palabra «amistad», ¿no es así?

¡Necesitamos volver a creer en la palabra «amistad»! Volver a hacerla nuestra, y practicarla. Enseñarla desde nuestros lugares de liderazgo como algo valioso. Permíteme dejarte aquí algunos *tips* de cómo restaurar esta palabra en nuestras vidas:

1) CREYENDO EN LO QUE LA BIBLIA DICE ACERCA DE ELLA

Una de las maneras de restaurar esta palabra es creyendo lo que la Biblia dice acerca de ella. Si la Biblia dice que es buena y necesaria, es porque así lo es. Además, en la Biblia también vemos que Jesús la promovió y la practicó. Eso me da la certeza de que la amistad es algo bueno.

Sí, la Biblia dice que no es bueno que el hombre este solo, esta es una verdad. Y sé que muchos al oír esto pensamos en el matrimonio, porque ese es el contexto, pero, ¿qué vamos hacer entonces con aquellos que no están casados? ¿Seguirán solos hasta que se casen? Definitivamente la respuesta es no. La idea de que no es bueno que estemos solos viene de parte de Dios y es universal. Por eso la Biblia nos pide convivir en armonía.

Me gusta mucho el Salmo que dice:

> **Salmo 133.1**
>
> «¡Que admirable, que agradable es que los hermanos vivan juntos en armonía!».

La Biblia promueve la amistad. ¡Restauremos esta palabra en nuestras vidas, y dejemos de ser esos solitarios apáticos que creen que solos pueden sobrevivir a cualquier adversidad!

2) DANDO OPORTUNIDAD A EXPERIMENTARLA EN CARNE PROPIA

Muchos ni siquiera intentan cosas por escuchar historias de otros. Historias negativas, historias que los desaniman. Malas experiencias de otros que les hacen creer que a ellos también les van a ocurrir de la misma manera.

Debemos cambiar esa manera de pensar y comenzar a vivir nuestras propias historias, nuestras propias experiencias de vida. Tratándose de algo tan importante como la amistad, ¡no puedes privarte de ella solo porque a alguien más le fue mal!

Es cierto que podemos aprender mucho sobre la amistad desde la teoría, pero creo que recién podremos restaurar esta palabra en nuestros corazones cuando la experimentemos en carne propia. ¡Cuando la vivamos de una manera real, y nos demos cuenta de que la amistad es una gran idea de Dios!

Es cierto que al experimentarla en carne propia vamos a conocer también sus peligros y complejidades, pero descubriremos que es tan necesaria y tan disfrutable que sin dudarlo la volveremos a abrazar.

3) NO ESPERANDO NADA A CAMBIO

En mi opinión personal, creo que la amistad se hace compleja cuando estamos esperando siempre algo a cambio. Nunca debemos contar cuántos favores hemos hecho nosotros y cuántos favores nos ha hecho nuestro amigo. Esto solo lleva a rencores, reproches, y discusiones sin sentido.

La Biblia nos enseña a dar sin esperar nada a cambio. Es más, nos pide esconder la mano para que nadie se dé cuenta, ¡ni siquiera la otra mano!

> **Mateo 6.3 (NVI)**
>
> «Más bien, cuando des a los necesitados, que no se entere tu mano izquierda de lo que hace la derecha...».

Imagínate, si la Biblia nos indica hacer esto cuando damos a los necesitados, ¡solo ponte a pensar cuál tendría que ser nuestra postura cuando le damos a un amigo!

La actitud que yo recomiendo en una amistad es esta: «Doy sin esperar nada a cambio, y recibo sin esperar que esté al nivel de lo que di».

Como líderes, es nuestro deber restaurar la palabra «amistad» en una generación que ha dejado de creer en ella, y que ha olvidado que la Biblia nos pide *ser* y *hacer* amigos.

¡Abraza el desafío! ¡Vale la pena!

CAPÍTULO 09

DAVID Y JONATÁN, UNA AMISTAD JAMÁS IGUALADA

(TEMPORADA 1)

Un amigo es la persona
que nos muestra el rumbo,
pero también recorre con nosotros
parte del camino.

Hay algunas historias que me conmueven hasta las lágrimas.

Hay otras historias que me remueven todos los sentimientos.

Hay otras historias que me dejan extremadamente sensible y nostálgico.

Y hay otras historias me dejan reflexivo y con muchas decisiones por tomar.

Esta historia que estamos por leer juntos me provoca todo lo anterior al mismo tiempo. Me estremece el alma y me lleva a otra dimensión. ¡Simplemente me exige ser un mejor amigo!

Bienvenido a una historia de amistad de las más tiernas, sentimentales, asombrosas y llenas de enredos que se hayan escrito jamás.

Bienvenido a una historia en la que dos amigos nos enseñan que la amistad es más que palabras, más que pasar tiempo juntos, más que un «te quiero», más que un «estoy contigo», más que un «Dios te bendiga», e incluso más que un «hasta viejitos juntos», frase que nos decimos algunos para comprometer nuestra amistad.

Bienvenido a una historia que nos enseña que el precio de una verdadera amistad es más alto que el de todo el oro del mundo.

Bienvenido a una novela de la vida real.

¡Ya verás que los dos protagonistas de esta historia lo hacen ver tan fácil! Y es que cuando algo es tan honesto, tan transparente, cuando algo es tan fiel y lleno de lealtad, se ve fácil de practicar... aunque para llegar a esto debamos dar la vida misma.

En esta historia verás a los protagonistas poner en práctica todo lo que he tratado de comunicarte a lo largo de este libro. ¡Es como si los protagonistas hubieran leído este libro antes de vivir su propia historia!

Lo que estamos por leer juntos nos describe una amistad sin precedentes. Esta amistad no era pasajera, ni artificial; esta amistad no era por interés; esta amistad no era por tener gustos en común. Esta fue una amistad verdadera, y por eso nos deja mucho que aprender, mucho que imitar, y mucho que poner en práctica. Nos deja mucho que cambiar en esas «amistades baratas» de hoy que no se parecen en nada a las amistades de la Biblia.

Estoy hablando, por supuesto, de la amistad entre David y Jonatán. Amistades verdaderas como esta hay pocas. ¡Vaya amistad que tuvieron!

¡Algún día seré director de cine y llevaré esta historia a la pantalla grande! Pero como para eso faltan muchos años, por el momento me dedicaré a «pintarla» en estas simples páginas.

Comienza, entonces, aquí, el guion de este libreto tan estremecedor...

Espero que estés listo, porque el inicio de esta puesta en escena entre David y Jonatán es muy intenso. Descubrámoslo juntos:

> **1 Samuel 18.1-5 (NVI)**
>
> «Una vez que David y Saúl terminaron de hablar, Saúl tomó a David a su servicio y, desde ese día, no lo dejó volver a la casa de su padre. Jonatán, por su parte, entabló con David una amistad entrañable y llegó a quererlo como a sí mismo. Tanto lo quería que hizo un pacto con él: Se quitó el manto que llevaba puesto y se lo dio a David; también le dio su túnica, y aun su espada, su arco y su cinturón.
>
> Cualquier encargo que David recibía de Saúl, lo cumplía con éxito, de modo que Saúl lo puso al mando de todo su ejército, con la aprobación de los soldados de Saúl y hasta de sus oficiales».

A esta escena yo la titularía: «El inicio épico de una amistad fuera de serie». Y es que no fue normal la manera en que comenzó esta amistad. Supongo que lo mismo pensaron ustedes al leer el pasaje anterior, ¿verdad?

Analicemos un poco lo sucedido:

Jonatán era el hijo mayor de Saúl, y era quien por lo tanto tenía que ser el rey después de que su padre muriera. Pero Jonatán sabía que Dios había elegido a David para que fuera el siguiente rey de Israel. Y aquí es donde digo que no es normal el inicio de esta amistad, porque Jonatán, a pesar de que tenía el «derecho legal» de ser el futuro rey, reconoció que era David quien ocuparía ese lugar, y no solo eso, ¡sino que nunca permitió que la envidia y los celos se apoderaran de él!

«Envidia» y «celos»... ¡Qué palabras más tóxicas y destructivas! ¡Ten mucho cuidado con ellas! Yo he visto morir grandes amistades por culpa de estas dos palabras que envenenan la mente, el corazón y el alma. La envidia y los celos no deberían ser nunca parte de una amistad. ¡Recuerda esto, y por favor aplícalo a tus amistades y a tu liderazgo o ministerio!

Hay personas como David, a las que las cosas les suceden sin esperarlas. Ellos no las pidieron, y aun así ocurren. Eso se llama gracia de Dios, y debes saber reconocerla y respetarla. David nunca hubiera esperado ser rey, y mucho menos lo hubiera pedido, ¡pero igualmente ocurrió, por gracia y decisión de Dios!

Muchas amistades llegan a su fin porque uno de los amigos recibe cosas del cielo sin que él las pida ni haga absolutamente nada para ganárselas, y el otro amigo no puede soportar eso y entonces la envidia se apodera de él, se llena de celos, y el asunto termina en una separación. Y no solo eso, sino que ese amigo envidioso y celoso muchas veces se convierte en el peor crítico y el mayor perseguidor de quien tiempo atrás fuera su mejor amigo... ¡y todo por no saber arrojar a la trituradora los celos y la envidia antes de que arruinaran la relación!

Jonatán pudo haberse autoconvencido con mil razones de que David no era alguien que le conviniera tener como amigo, y pudo haberse llenado de celos y de envidia, e incluso haber intentado evitar que David siguiera sirviendo en el gabinete de su padre. Pero no fue así. ¡Los buenos amigos no permiten jamás que la envidia y los celos se apoderen de ellos!

Gracias a la buena actitud de Jonatán, él y David se hicieron muy buenos amigos. Prometieron que se protegerían y defenderían el uno al otro, ¡y vaya que las circunstancias pusieron a prueba esa promesa! Pero era una promesa real, y prevaleció contra todo. ¡Pero no nos adelantemos a la historia! Terminemos, antes, de analizar esta primera parte que acabamos de leer. Hay varias líneas que me llaman la atención, y no quiero pasarlas por alto en el apuro. Repasemos juntos algunos detalles del inicio de este guion:

1) JONATÁN ENTABLÓ CON DAVID UNA AMISTAD ENTRAÑABLE

No sé qué será lo que tú entiendas por «amistad entrañable», pero a mí esas palabras me hacen pensar que estas dos personas fueron ligadas profundamente desde el principio. «Entrañable» tiene que ver con las entrañas, con un sentimiento que viene de lo más profundo del corazón. Tiene que ver con cercanía y refleja una relación profunda.

Así fue como tomó Jonatán, desde el primer momento, su amistad con David. Como una amistad sin reservas. Desde el primer día lo aceptó. Nunca lo puso a prueba. Nunca dudó de él. ¡Vaya, qué amistad tan especial!

2) LLEGÓ A QUERERLO COMO A SÍ MISMO

No solo Jonatán aceptó de inmediato a David y fundó con él una «amistad entrañable», sino que incluso dice la Biblia que «llegó a quererlo como a sí mismo». ¡Esto sí que es desafiante! ¡Llegar a querer a una persona como a uno mismo debe ser lo máximo! Claro, contando que tenemos la autoestima donde debe estar; contando que nos amamos y nos cuidamos a nosotros mismos. Si no, no tendría sentido. Pero sin duda Jonatán tenía una correcta autoestima, y una correcta salud emocional. Él sabía amar porque él se amaba a sí mismo de una manera saludable.

Esto también lo recalcó Jesús cuando dijo *«Ama a tu prójimo como a ti mismo»* (Mateo 22.39, NVI). La primera tarea que tenemos, entonces, es aprender a amarnos y a aceptarnos tal como somos, para luego poder amar de manera correcta a los demás.

3) HIZO UN PACTO CON ÉL

El pacto que hicieron David y Jonatán fue lo que protegió su amistad.

Cuando involucramos la palabra «pacto» en nuestras relaciones, estamos haciendo las cosas con seriedad, con respeto y con lealtad. Los pactos que hacemos nos ayudan a proteger lo que verdaderamente vale la pena. Un pacto te hace recordar todos los días a quién te debes y a quién le perteneces. Un pacto te hace recordar que tienes compromisos de por vida, cueste lo que cueste.

La amistad de Jonatán y David era más seria que lo que muchos imaginaban, y comenzó a través de un pacto.

Si buscáramos el significado original de la palabra pacto, encontraríamos referencias a contratos, escritos formales, o firmas, pero sin embargo ninguna de estas cosas sucedió en el pacto entre Jonatán y David. Fue un pacto diferente, sin escritos ni contratos firmados. Fue pacto de palabra, pero en una época en la que la palabra era lo más valioso que podía empeñar una persona.

Es cierto que David recibió obsequios especiales, pero no hubo una ceremonia solemne donde se sellara el pacto. La palabra de estos dos caballeros era lo único que se necesitaba.

Tal vez la palabra «pacto» nos asuste un poco, o nos parezca muy grande hoy en día. Para muchos suena como una palabra mística, rara, antigua. Pero no le tengamos miedo. Al contrario, ¡recuperemos esta palabra en nuestras amistades! Hagamos pacto de amistad con nuestros amigos. Sin contratos que firmar, tan solo con nuestra palabra sirviendo de garantía, pero sabiendo que ese pacto implica defender nuestra amistad contra todo.

Ahora bien, aquí llega una serie de líneas que sirven para recordarnos que en una amistad, siempre se trata de dar. Para mostrar que eran amigos, Jonatán le dio a David su túnica, su espada, su arco y su cinturón. ¿Podría acaso haberle ofrecido una prueba más clara de que estaba decidido a que esta fuera una amistad verdadera? ¡No lo creo!

Así, Jonatán nos enseña que la primera evidencia de que una amistad es verdadera es que queremos dar de lo que tenemos. Veamos todo lo que le entregó Jonatán a David...

4) LE DIO EL MANTO QUE LLEVABA PUESTO

El manto consistía en un paño cuadrado de lino o algodón que se usaba sobre el vestido. Tenía dos aberturas para los brazos, y se echaba sobre los hombros, cayendo hacia los pies.

El manto es un símbolo de cobertura, ya que sirve para tapar o resguardar.

¡Nosotros necesitamos amigos que nos den cobertura, que resguarden nuestra vida, que nos hagan sentir que su amistad nos cubre, y que no caminamos solos!

Por lo general la cobertura se relaciona con algo paternal o pastoral, pero los amigos también pueden darnos cobertura. Tranquilo, no hace falta un ejército. Solo necesitas un amigo verdadero.

Yo creo firmemente que en una amistad verdadera puede haber una cobertura espiritual, en la que se rindan cuentas mutuamente y se protejan el uno al otro.

Al darle su manto, Jonatán le estaba diciendo a David: «Cuentas con mi cobertura». ¡Esto es muy importante! Si aún no lo tienes, te animo a buscar un amigo que te brinde su cobertura, que te haga sentir resguardado. ¡Todos necesitamos por lo menos un amigo así!

5) LE DIO SU ESPADA

La espada era un arma ofensiva por excelencia. La espada es símbolo de autoridad y respeto.

Al regalarle su espada a David, Jonatán le estaba diciendo: «De ahora en delante te respeto y tienes autoridad en mi vida».

Jonatán le dejo claro a David que le otorgaba autoridad y respeto. Que de la misma manera que los demás lo veían a él, de esa misma manera verían y respetarían a David. ¡Y no se nos olvide que Jonatán era nada más y nada menos que el hijo del Rey!

Recuerda que debes darles autoridad a tus amigos sobre tu vida. Autoridad de corregirte y de exhortarte. Y recuerda también que una persona que dice ser tu amigo pero no te da autoridad en su vida, no es una amistad verdadera.

6) LE DIO SU ARCO

El arco consistía de varias vallas delgadas bien armadas entre sí y reforzadas con metal o cuero. Esta unión le daba forma y producía esa curva que todos conocemos en los arcos.

En aquellos tiempos, los arqueros tenían el poder de matar a cualquier persona que atentara contra el Rey. El arquero no debía pedir permiso a nadie, ni al rey mismo, pues un arquero tenía el poder de tomar esa decisión.

Como ves, aquí la palabra arco tiene la misma connotación que tiene la palabra poder. Poder es la facultad de hacer algo, dominio, influencia, fuerza, capacidad, o posesión de alguna cosa. Y Jonatán le entregó todo eso a David al darle su arco.

¡Qué interesante sería que tú y yo hiciéramos lo mismo con nuestros amigos!

7) LE DIO SU CINTURÓN

El cinturón era el lugar donde se llevaban la daga y la espada. Era de piel de animal con pedazos de metal, pero las personas importantes lo usaban con diversos adornos, incluso con piedras preciosas. También llevaban allí cosas valiosas, como dinero, además de las armas.

Quien llevaba un cinturón de este tipo demostraba a los demás que tenía seguridad y provisión. Seguridad que, a su vez, daba la garantía de que una persona podía cumplir sus compromisos.

Al entregarle su cinturón, Jonatán le estaba asegurando a David que todas sus necesidades iban a ser cubiertas, y le estaba dejando saber que él cumpliría los compromisos que estaba haciendo.

Imagínate lo espectacular que sería escribirle una carta a ese amigo nuestro, y decirle lo siguiente:

«No te preocupes. Yo haré todo lo que esté a mi alcance para que tengas lo que necesites, afectiva, emocional, económica y espiritualmente. ¡Nada te va a faltar!».

¿No sería maravilloso?

¿UN COMIENZO INJUSTO?

Después de ver el inicio de la amistad entre Jonatán y David, podría surgir una pregunta muy natural: «¿Por qué Jonatán fue el único que dio cosas?». O también podría salir de nosotros el siguiente comentario: «No es justo este inicio de amistad, porque Jonatán fue el único que dio».

La respuesta a esta pregunta y a este comentario es sencilla: Jonatán era quien estaba en posición de dar, y no David. Jonatán era el hijo del Rey, y en ese momento tenía todo lo que necesitaba. Por eso fue él quien le dio a David. Pero más tarde, cuando David estuvo en la posición de dar, lo hizo también. (Al hijo de su mejor amigo le devolvió todas sus tierras, y lo hizo comer en la mesa del rey por siempre, por la sencilla razón que ahora David estaba en la posición de hacerlo). Digo esto para que no pienses que fue un inicio injusto. A veces nos toca ser la persona que da, y a veces la que recibe. La amistad es así, y nadie está llevando la cuenta de lo que es «justo», porque es más importante ser generosos con nuestros amigos, en el tiempo en que cada uno lo necesita.

Pero volviendo al texto bíblico, hasta aquí todo parecía perfecto. Todo parecía indicar que estos dos amigos llegarían hasta viejitos juntos y felices, y terminarían sus días en un hermoso lago rodeado de montañas, ellos pescando en ese lago, y toda la gente a su alrededor aplaudiéndoles por su amistad tan especial. Pero lamentablemente, no fue así...

Lo que es cierto es que este fue el inicio de una gran amistad. Un inicio muy simbólico, lleno de demostraciones y de momentos emotivos.

¿Qué les deparará el futuro a estos amigos?

Aquí termina la primera temporada de esta serie.

Continuará...

CAPÍTULO 10

DAVID Y JONATÁN, UNA AMISTAD JAMÁS IGUALADA

(TEMPORADA 2)

En la prosperidad,
nuestros amigos nos conocen;
en la adversidad,
nosotros conocemos a nuestros amigos.

Terminé la primera temporada de esta serie diciéndote que todo parecía indicar que estos dos amigos llegarían hasta viejitos juntos y felices, que terminarían sus días en un hermoso lago rodeado de montañas, y que mientras ellos pescaban en el lago, la gente a su alrededor les aplaudiría por su hermosa amistad.

Comienzo ahora la segunda temporada, y lo primero que deseo es llevarte a imaginar esa etapa de la amistad en la que todo es simplemente perfecto. Todo marcha bajo control, hay risas y bromas, y los amigos comparten secretos y sueños. Mientras tanto, nadie se imagina que las cosas pueden cambiar de un momento a otro...

¡Oh, qué tristeza! Me duele el corazón cada vez que me enfrento al hecho de que esta historia de amistad no termina así. ¡Me gustaría cambiar el final, pero no puedo!

¡Cómo me hubiera gustado que la Biblia contara un final diferente! Yo hubiera preferido que la amistad entre David y Jonatán durara hasta viejitos, ¡pero no fue así! Quisiera poder leer que uno vio los logros del otro, y que juntos acumularon mil victorias, ¡pero no fue así! ¡Ellos merecían más años de amistad, ellos merecían ir a la boda del uno y del otro, ellos merecían poder terminar la vida juntos, como dos ancianos que se juntan a tomar té y a recordar los viejos tiempos!

Pero no fue así... La maldad del corazón de la gente los separó, la envidia y los celos de otras personas se interpusieron y los alejaron, y sus vidas tomaron rumbos distintitos.

Esto es lo que hace que esta historia sea algo sentimental y nostálgica. Es lo que me entristece cada vez que la leo. Y lo digo sin cuestionar la soberanía de Dios, ¡pero es que a mí me gustaría cambiar todo esto y no puedo!

Es algo así como cuando sales del cine insatisfecho por ese final no esperado. Déjame pintarte el cuadro mejor, a ver si comprendes cómo me siento con esta historia:

Termina la película y tú estás serio, no dices nada. Sales del cine con tu novia, caminan hasta el automóvil, se suben, y tú sigues sin decir una sola palabra. Ella voltea a verte y te pregunta por qué estás tan callado. Tú ya tienes un nudo en la garganta, y estás a un paso de soltar el llanto. Entonces ella te pregunta si fue el final de la película lo que te tiene así... ¡Y ahí perdiste, ya no puedes más! Sueltas el llanto, y cuando logras articular unas palabras entre las lágrimas, dejas salir ese reproche que tenías ahí atorado: «¿Por qué? ¿Por qué? ¿Por qué no se quedaron juntos Jack y Rose? ¡¿Por qué se tenía que morir Jack, si cabían los dos en la madera?!».

Sí, damas y caballeros, la película *«Titanic»* tiene un final jamás superado por muchos... Bueno, al menos por mí. Es que, de verdad, ¡¿por qué tenía que ser tan triste?!

En fin, continuemos con el relato bíblico...

En esta segunda temporada nos tocará ver cómo la amistad de David y Jonatán se descompone.

Y es así. Las verdaderas amistades pasan por etapas buenas y malas. Nosotros también debemos estar preparados, porque en nuestras amistades las cosas alguna vez se van descomponer. Alguien intentará separarnos, o alguien se querrá interponer, y ahí es donde nuestra amistad será probada. Las verdaderas amistades ganan siempre.

LO INESPERADO

Al principio, Saúl le tenía mucho afecto a David, y hasta lo puso a cargo de su ejército. No se nos olvide que David se había convertido en una persona muy importante para la familia, pues traía éxito y honor al apellido y al reino. De hecho, Saúl le decía «hijo» a David.

Pero, poco después, Saúl se dejó vencer por la envidia. La gente admiraba a David por sus victorias tan frecuentes, y lo comenzó a reconocer como alguien importante. Cierto día, las personas, felices por las victorias, cantaban: «Saúl mató a sus miles, ¡pero David, a sus diez miles!». Saúl se disgustó con esta canción, y la Biblia dice que Saúl miró a David con recelo.

Aquí va una parte más del guion de este libreto tan estremecedor:

1 Samuel 18.6-9 (NVI)

«Ahora bien, cuando el ejército regresó, después de haber matado David al filisteo, de todos los pueblos de Israel salían mujeres a recibir al rey Saúl. Al son de liras

> y panderetas, cantaban y bailaban, y exclamaban con gran regocijo:
>
> «Saúl mató a sus miles,
> ¡pero David, a sus diez miles!».
>
> Disgustado por lo que decían, Saúl se enfureció y protestó: «A David le dan crédito por diez miles, pero a mí por miles. ¡Lo único que falta es que le den el reino!». Y a partir de esa ocasión, Saúl empezó a mirar a David con recelo».

Es increíble lo que acabamos de leer, ¡porque lo que no le pasó a Jonatán, le vino a ocurrir a Saúl! Él tendría que haber estado contento por la reacción de la gente hacia el guerrero que él mismo había contratado, pero, en lugar de eso, se puso celoso. Y es que en el fondo, había otra cosa: Saúl tenía miedo de que David intentara arrebatarle el trono.

¡Claro que eso no tenía ningún sentido! Eso jamás ocurriría con una persona como David, quien como todos sabemos, tenía un corazón conforme al corazón de Dios. David sabía que él iba a ser el siguiente rey, pero nunca pensó en quitarle el lugar a Saúl. David sabía que Dios dispondría el tiempo perfecto para su reinado.

Lamentablemente, Saúl no veía las cosas como David las veía, y prefirió intentar matarlo para quitarlo del camino. No, no estás viendo una serie en NETFLIX. Esta es una serie original de la Biblia y es real.

Primero Saúl planeó que David muriera en alguna batalla, pero este plan fracasó. David siguió obteniendo victorias y acumulando más y más admiración por parte del pueblo.

Al ver Saúl que David no moría en las batallas, intentó que todos los de su casa, sus siervos y hasta su hijo mayor, se pusieran de acuerdo en un complot para matar a David. Mira cómo lo cuenta la Biblia:

1 Samuel 19.1 (NVI)

> «Saúl les comunicó a su hijo Jonatán y a todos sus funcionarios su decisión de matar a David. Pero, como Jonatán le tenía tanto afecto a David...».

¡Imagina cómo se sintió Jonatán al ver que su propio padre les proponía a todos un plan para matar a su mejor amigo!

Y aquí quiero hacer un alto para plantearte esta pregunta que me parece muy interesante: ¿qué hubieras hecho tú ante ese conflicto de lealtades? Tu padre por un lado, y tu mejor amigo por el otro.

Jonatán era un buen hijo, pero también era un amigo leal. Vamos a ver qué fue lo que hizo él...

LOS VERDADEROS AMIGOS LEVANTAN LA VOZ POR SUS AMIGOS

Esta parte realmente me emociona. Me encanta ver a este amigo que no se queda callado, sino que sale a la defensa de su mejor amigo a pesar de que esto implicara tener que confrontar a su propio padre. ¡Él no podía quedarse callado si el amigo que tanto amaba estaba en peligro de muerte!

A veces pienso que necesitaríamos más Jonatanes en este mundo. ¡Cómo hacen falta hoy en día personas que levanten la voz por ese amigo que está en peligro, o que está sufriendo por una injusticia! ¡Cómo hacen falta amigos que levanten la voz por ese amigo que anda de boca en boca siendo víctima de críticas, vituperios e injurias!

Tristemente, en vez de eso, muchos nos quedamos callados. Muchos no tenemos el valor de alzar la voz y decir: «¡Me levanto de esta mesa porque de quien están hablando mal, es mi mejor amigo, y no lo voy a tolerar!». Muy por el contrario, nos unimos incluso a quienes están dañando a nuestro amigo, y decimos frases como: «Tienen razón ustedes, sí que está mal mi amigo». Esa es la frase más cobarde que puede salir de la boca de alguien. Lo correcto es callar esas voces, y dejar claro que hablaron mal de la persona incorrecta, porque estabas tú, y delante de ti nadie puede atacarlo, sencillamente porque es tu amigo. ¡Es nuestro deber defender a nuestros amigos!

Levantemos la voz públicamente por nuestros amigos. Hagamos nuestras sus batallas. Y dejémosle bien claro a todo el mundo que ese amigo no está solo, porque tiene alguien que le defienda.

Jonatán así lo hizo:

> **1 Samuel 19.4-5 (NVI)**
>
> «Jonatán le habló a su padre Saúl en favor de David:
>
> —¡No vaya Su Majestad a pecar contra su siervo David! —le rogó—. Él no le ha hecho ningún mal; al contrario, lo que ha hecho ha sido de gran beneficio para Su Majestad. Para matar al filisteo arriesgó su propia vida, y el Señor le dio una gran victoria a todo Israel. Su Majestad mismo lo vio y se alegró. ¿Por qué ha de pecar contra un inocente y matar a David sin motivo?».

¡No solo lo defendió, sino que también habló bien de él! Muchos defendemos al amigo, pero al mismo tiempo hablamos mal de él. Es algo raro, pero pasa. Sin embargo, ese no era el estilo de Jonatán. Él le recordó a su Padre que su amigo David le había hecho bien a la familia. Le recordó lo valiente que era David, y qué grandes victorias le había dado a Israel. Jonatán intentó tocar también la conciencia de su padre, al preguntarle algo como: «¿Por qué querer quitarle la vida a quien estuvo dispuesto a arriesgarla por lealtad a ti?». ¡Vaya, eso sí que es amistad!

Tengamos la valentía y la habilidad nosotros también para tocar la conciencia de los demás cuando defendamos a nuestros amigos. ¡Jonatán levantó su voz como tú y yo tendríamos que hacerlo!

Ahora tienes que saber algo, pero antes te pido disculpas por quitarle la secuencia al pasaje de la Biblia (pero es que me gusta el drama, ¿no te lo había dicho?). Lo que tienes que saber es que antes de que Jonatán hablara con su padre, él alerto a David, por si no lograba tener un resultado positivo en la charla con el Rey.

¡Atención aquí!

Jonatán le avisó a David que su padre (el rey Saúl) lo quería matar. ¡Qué alegría ver que él cumplió su pacto de amistad! Y aquí te vuelvo a hacer la pregunta: ¿qué harías tú ante ese conflicto de lealtades?

Está claro que Jonatán optó por hacer lo correcto, y le fue fiel a su amigo. Compruébalo por ti mismo una vez más:

> **1 Samuel 19.1-3 (NVI)**
>
> «...Pero, como Jonatán le tenía tanto afecto a David, le advirtió: "Mi padre Saúl está buscando una oportunidad para matarte. Así que ten mucho cuidado mañana; escóndete en algún sitio seguro, y quédate allí. Yo saldré con mi padre al campo donde tú estés, y le hablaré de ti. Cuando averigüe lo que pasa, te lo haré saber"».

No sé si es que estoy sensible en este momento, pero esto que acabo de leer mientras escribo, hace que broten lágrimas de mis ojos. La manera en la que Jonatán le dice a David las cosas me conmueve. Y aquí quiero destacar varias enseñanzas que podemos tomar:

1) SEAMOS HONESTOS CON NUESTROS AMIGOS

Lo primero que me llama la atención es que Jonatán es muy honesto con David. Cualquiera de nosotros hubiera sentido la tentación de proteger a papá, no diciendo toda la verdad. Pero Jonatán, en cambio, le dice la verdad completa a David, y con esto le demuestra que su amistad esta cimentada en la lealtad, aunque esté de por medio su padre o cualquier otro. En una amistad honesta, las cosas se dicen como son, sin rodeos, sin filtros, y sin esconder nada para hacer quedar bien a otras personas.

2) CUIDEMOS A NUESTROS AMIGOS

Yo veo a un Jonatán preocupado por la integridad de David. Hasta puedo escuchar su voz de preocupación al decir: *«ten mucho cuidado mañana»*. Jonatán sabe que la intención de su padre es muy seria, y le deja saber a David que tiene que tomar precauciones porque realmente no quiere que nada malo le pase. Nosotros también debemos advertir a nuestros amigos de los peligros y cuidar su integridad siempre que sea posible.

3) ESCONDAMOS A NUESTROS AMIGOS CUANDO SEA NECESARIO

Se escucha raro esto, ¿verdad? Pero eso fue lo que le dijo Jonatán a David: «escóndete». ¡Aprendamos a esconder a nuestros amigos cuando sea necesario!

Hay temporadas en las que un amigo puede necesitar ser escondido de la crítica, de la persecución, o de las personas que lo hieren. No hablo de esconderlo porque él sea cobarde, sino de esconderlo porque tú sabes que eso es lo que necesita en esa temporada difícil de su vida.

4) SIEMPRE HAGAMOS PLANES A FAVOR DE NUESTROS AMIGOS

«Tengo una estrategia», pensó Jonatán, «Tú ve y escóndete, y yo hablare con mi padre, investigaré qué pasa, y después te buscaré para informarte». ¡Siempre tenemos la responsabilidad de pensar en cómo ayudar a nuestros amigos a salir victoriosos de cualquier cosa que estén padeciendo! Nuestra mente, nuestros recursos, nuestra sabiduría, y todos nuestros sentidos deben estar concentrados únicamente en cómo hacer que la temporada dura termine para ese amigo al que tanto amamos.

Jonatán logra convencer a su padre, su estrategia funciona y le salva la vida por primera vez a David:

1 Samuel 19.6-8 (NVI)

«Saúl le hizo caso a Jonatán, y exclamó:

—Tan cierto como que el Señor vive, te juro que David no morirá.

Entonces Jonatán llamó a David y, después de contarle toda la conversación, lo llevó ante Saúl para que estuviera a su servicio como antes.

Volvió a estallar la guerra. David salió a pelear contra los filisteos, y los combatió con tal violencia que tuvieron que huir».

Ahora quiero que te imagines a Jonatán con una sonrisa llevando a David de vuelta con su padre. ¡Qué felicidad! David vuelve a salir a la guerra, y una vez más consigue una victoria. Hasta aquí parecía que todo volvía a la normalidad.

Pero... te voy a pedir que respires hondo, porque a continuación viene algo que no te va a gustar... Veamos lo que sucede:

1 Samuel 19.9-10 (NVI)

«Sin embargo, un espíritu maligno de parte del Señor se apoderó de Saúl. Estaba sentado en el palacio, con una lanza en la mano. Mientras David tocaba el arpa, intentó clavarlo en la pared con la lanza, pero David esquivó el golpe de Saúl, de modo que la lanza quedó clavada en la pared. Esa misma noche David se dio a la fuga».

Saúl es atormentado, y le arroja una lanza a David con la intención de matarlo. ¡Todo se vuelve a descomponer, y David tiene que huir!

Una vez más el protagonista de esta historia está en peligro sin razón alguna, y decide darse a la fuga.

¡Qué frustrante debe ser tener que huir sin haber hecho nada malo! ¡Qué impotencia cuando los que tienen poder cometen injusticias contra los más débiles! Pero también en estos casos el verdadero amigo respalda, apoya, y mete las manos al fuego por su amigo...

CUIDAR A TU AMIGO ES CUIDAR EL SUEÑO DE DIOS

Algo que debemos tener presente aquí es que David era el escogido de Dios, el elegido para ser el próximo rey. Cuando leo la historia esto me tranquiliza, porque me da la seguridad de que Dios no lo va a soltar, sino que lo va a proteger siempre. Y me alegra cuando veo que lo protege a través de su amigo Jonatán... Una vez más, Dios hace lo divino a través de un ser humano.

Dios siempre quiere usarte para bendecir a tus amigos. Es decir, no solo sale de ti el ser un buen amigo, sino que Dios te usa como instrumento para cuidar de esa persona que Él desea usar para Su gloria. El enemigo siempre está tendiendo trampas, pero esas trampas fracasarán porque tú estarás de por medio, siempre sensible y atento para cuidar a tu amigo. Recuerda que muchas veces, cuidar a tu amigo es cuidar el sueño de Dios.

Bueno, volvamos al texto bíblico. David huye, y el guion de esta película se pone cada vez más intenso:

> **1 Samuel 19.11-17 (NVI)**
>
> «Entonces Saúl mandó a varios hombres a casa de David, para que lo vigilaran durante la noche y lo mataran al día siguiente. Pero Mical, la esposa de David, le advirtió: «Si no te pones a salvo esta noche, mañana serás hombre muerto». En seguida ella descolgó a David por la ventana, y así él pudo escapar. Luego Mical tomó

> un ídolo y lo puso en la cama con un tejido de pelo de cabra en la cabeza, y lo cubrió con una sábana.
>
> Cuando Saúl mandó a los hombres para apresar a David, Mical les dijo: «Está enfermo». Pero Saúl los mandó de nuevo a buscar a David: «Aunque esté en cama, ¡tráiganmelo aquí para matarlo!» Al entrar en la casa, los hombres vieron que lo que estaba en la cama era un ídolo, con un tejido de pelo de cabra en la cabeza. Entonces Saúl le reclamó a Mical:
>
> —¿Por qué me has engañado así? ¿Por qué dejaste escapar a mi enemigo?
>
> Ella respondió:
>
> —Él me amenazó con matarme si no lo dejaba escapar».

¡Qué terrible desastre provocado por la envidia y los celos! Saúl enfurecido. David teniendo que huir por la ventana. La esposa de David mintiendo ante el rey. Y es que la vida de David peligra más que nunca, ¡por eso tiene que escapar!

Salir a ningún lado.

Correr sin sentido.

Huir porque otros quieren hacernos daño.

Estar donde no queremos estar.

Todos en algún momento tenemos que escapar. Y lo mismo le ocurrió David.

Aquí termina la segunda temporada de esta serie. Te recomiendo tomarte un respiro antes de leer la tercera.

Continuará...

CAPÍTULO 11

DAVID Y JONATÁN, UNA AMISTAD JAMÁS IGUALADA

(TEMPORADA 3)

Una flor puede marchitarse,
El mundo puede derrumbarse,
Pero una amistad verdadera,
no puede romperse nunca.

¡Bienvenido a una nueva temporada! ¡Bienvenido al cierre de esta serie! ¿Te tomaste el respiro que te recomendé? ¡Espero que sí, porque esta temporada final viene cargada de emociones!

Muy bien, ahora te voy a servir una última taza de café. Necesito que estés bien despabilado mientras lees este último capítulo, para que no te pierdas ningún detalle. Hay mucho que aprender. ¡El cierre de esta serie nos tiene que dejar desafiados a ser amigos inigualables!

Repasemos brevemente en qué nos quedamos en el episodio anterior: David acaba de huir, el Rey lo busca porque quiere matarlo, y David busca un refugio seguro... ¡esperemos que lo encuentre!

¿A dónde crees que escapó?

Sí, efectivamente, acertaste. ¡Tenía que ser! David escapó al lugar donde estaba su mejor amigo.

David y Jonatán se reencuentran. Algo muy bueno para David, porque ahora estaba con ese amigo fiel que sería capaz de dar la vida por él. Pero entonces comienza una plática incómoda, ya que David tiene que decirle: «Tu padre sigue con la idea de matarme».

Te dejo las palabras textuales de David, llenas de desconcierto, angustia y desesperación, y la respuesta de Jonatán:

> **1 Samuel 20.1-3 (NVI)**
>
> «David huyó de Nayot de Ramá y fue adonde estaba Jonatán.
>
> —¿Qué he hecho yo? —le preguntó—. ¿Qué crimen o delito he cometido contra tu padre, para que él quiera matarme?
>
> —¿Morir tú? ¡De ninguna manera! —respondió Jonatán—. Mi padre no hace nada, por insignificante que sea, sin que me lo diga. ¿Por qué me lo habría de ocultar? ¡Eso no es posible!
>
> Pero David juró y perjuró:
>
> —Tu padre sabe muy bien que tú me estimas, así que seguramente habrá pensado: «Jonatán no debe enterarse, para que no se disguste». Pero, tan cierto como que el Señor y tú viven, te aseguro que estoy a un paso de la muerte».

Ahora déjame imaginarme esta conversación en un lugar oscuro, donde una sola vela alumbraba sus caras. Los dos se miran a los ojos, angustiados. No era una buena noche para estos amigos.

Nadie sabe muy bien qué decir, pero la conversación debía continuar. Necesitaban un plan para salvar la vida de David. Necesitaban ganar tiempo. ¡Necesitaban hacer lo que fuera para detener a Saúl!

A estas alturas de la historia, muchos pensaríamos que Jonatán cambiaría su postura de ser un buen amigo a ser un buen hijo, pero no. Jonatán siguió en su posición de ser un amigo fiel.

¡Cómo urge en estos tiempos que haya más amigos fieles! Amigos que te apoyen en los momentos de desesperación, de tristeza, o de estrés. Amigos que estén contigo en las buenas y en las malas. Amigos que no te vendan, que no te cambien, que no hablen a tus espaldas.

Y aquí te tocan dos responsabilidades: primero, buscarte amigos como estos, para que te ayuden cuando lo necesites. Segundo, ¡esforzarte por ser tú ese amigo fiel para otros!

Un amigo fiel es aquel que siempre está firme y constante en sus afectos, ideas y obligaciones. Aquel que cumple con sus compromisos. Aquel que no titubea, y a quien el sol del día siguiente no lo lleva a pensar de manera distinta sobre ti. Hoy cree y piensa de ti lo mismo que pensaba ayer, y lo que dijo que haría por ti, lo hará.

Ese amigo fiel para David era Jonatán. Y es esa fidelidad la que lo lleva a decir la frase más significativa, al menos para mí, de toda esta historia. Leámosla juntos:

> **1 Samuel 20.4 (NVI)**
>
> «—Dime qué quieres que haga, y lo haré —le respondió Jonatán».

¡Dios mío! ¡Qué frase tan profunda, peligrosa, intensa, valiente y llena de lealtad!

«Dime qué quieres que haga, y lo haré».

«Dime qué quieres que haga, y lo haré».

«Dime qué quieres que haga, y lo haré».

No, no es un error de edición. Intencionalmente escribí esa frase una y otra vez, porque creo que esta es la frase que identifica a una amistad verdadera. Creo que esta es la frase que acredita que estamos hablando de una amistad genuina, de una amistad que nada podrá romper jamás. No se nos olvide que quien perseguía a David era el padre de Jonatán. Y sin embargo el mismo Jonatán, consciente de que su papá era el que estaba actuando mal, le dice a David (aquí te va otra vez, porque no me canso de repetirlo): **«Dime qué quieres que haga, y lo haré».**

Me imagino que estas palabras salieron de la boca de Jonatán en un tono bajo, y con lágrimas en sus ojos. Las pronunció lleno de angustia, pero con mucha convicción. Y todo a la luz de esa vela junto a la cual apenas podían verse sus rostros. ¡Ufff, qué cuadro! ¡Tal vez sea la escena más emotiva de mi película!

«Dime qué quieres que haga, y lo haré».

¡Que sea esta la frase que les haga saber a nuestros amigos que somos genuinos, que somos honestos, y que pueden contar con nosotros siempre!

Ahora, la pregunta personal para ti es si esta frase, ofrecimiento, o como tú lo quieras llamar, forma parte de tus amistades hoy en día... ¿Le dirías tú esto a un amigo? ¿Le dirías: «Dime qué quieres que haga, y lo haré»? No me respondas ahora, no es necesario. Es una pregunta demasiado seria. Piénsala tranquilo.

Mientras tanto, volvamos al relato. David tenía una idea. Implicaba un cierto riesgo, y no era fácil para Jonatán, pero la frase: «Dime qué quieres que haga, y lo haré» le dio la confianza necesaria para decir lo siguiente:

1 Samuel 20.5-7 (NVI)

> «—Sabes —dijo David—, mañana es la fiesta de luna nueva, y se supone que yo debo sentarme a la mesa para comer con el rey. Pues bien, deja que me esconda en el campo hasta pasado mañana por la tarde. Si tu padre me extraña, dile que yo insistí en que me dejaras ir en seguida a Belén, mi pueblo, pues toda mi familia estaba reunida allá para celebrar su sacrificio anual. Si él responde que está bien, entonces no corro ningún peligro. Pero, si se enfurece, con eso sabrás que ha decidido acabar conmigo».

Esta era la idea de David. Él quería estar seguro de que este no había sido tan solo un momento de furia del rey Saúl, sino una decisión firme de matarlo.

Y luego, poniéndose en las manos de su amigo en quien confiaba, agrega:

1 Samuel 20.8 (NVI)

> «Ya que en presencia del Señor has hecho un pacto conmigo, que soy tu servidor, te ruego que me seas leal. Si me consideras culpable, no hace falta que me entregues a tu padre; ¡mátame tú mismo!».

¡Imagínate esta escena, por favor! Llanto, palabras pronunciadas con tristeza, una vela, y dos amigos que se abrazan, angustiados hasta lo más profundo.

Me conmueve cómo David pone su vida en las manos de Jonatán, cuando le dice: «Te amo tanto que no quiero causarte más problemas. Si soy culpable, mátame tú. Terminemos con esto, pero hazlo tú». David estaba diciendo algo así como: «Prefiero encontrar la muerte en las manos que me aman, que morir en manos de alguien que me odia».

Piénsalo. De cualquier manera, un día moriremos. Entonces, muramos por la gente que amamos, por causa de los que amamos, y no por el odio o el rechazo de los demás.

David pronuncia estas palabras y Jonatán lo escucha... Sin duda Jonatán tenía una respuesta para él desde el principio de la conversación, pero sin embargo lo escuchó. Sabía que su amigo tenía el alma en sombras, fatigada y agobiada, así que lo dejó abrir su corazón y le dio tiempo para decir todo lo que sintiera la necesidad de decir.

¡Nosotros debemos aprender a ser ese paño de llanto para nuestros amigos! Permitir que lloren, que se quejen, que griten, que dejen el alma en nuestras manos con sus palabras. Muchas veces, la mejor manera de animar al otro no es hablando, sino escuchando con atención y con un corazón sensible. Y abrazando. El abrazo de un amigo es el lenguaje perfecto, aun más que las palabras.

Jonatán escucha con atención a David, y luego le responde con una expresión que demuestra el amor y la lealtad que sentía por su amigo:

1 Samuel 20.9 (NVI)

«—¡No digas tal cosa! —exclamó Jonatán—. Si llegara a enterarme de que mi padre ha decidido hacerte algún daño, ¿no crees que te lo diría?».

No sé por qué yo interpreto esta última pregunta como un: «¡Por favor, jamás dudes de mi amistad y de mi lealtad!».

Luego la conversación continúa entre estos dos amigos, ya que necesitan definir los detalles del plan:

1 Samuel 20.10-14 (NVI)

«David le preguntó:

—Si tu padre te responde de mal modo, ¿quién me lo hará saber?

Por toda respuesta, Jonatán invitó a David a salir al campo. Una vez allí, le dijo:

—David, te juro por el Señor, Dios de Israel, que a más tardar pasado mañana a esta hora averiguaré lo que piensa mi padre. Si no corres peligro, de alguna manera te lo haré saber. Pero, si mi padre intenta hacerte daño, y yo no te aviso para que puedas escapar, ¡que el Señor me castigue sin piedad, y que esté contigo como estuvo con mi padre! Y, si todavía estoy vivo cuando el Señor te muestre su bondad, te pido que también tú seas bondadoso conmigo y no dejes que me maten».

Como si fuera poco el pacto que ya habían hecho, Jonatán le hace un juramento a David. Le dice que si su padre le hace algo y él no le avisó, que el castigo venga sobre él. ¡Una vez más el corazón de Jonatán quiere dejarle claro a David que él no le iba a fallar en ningún momento!

Ten presente siempre el ejemplo de Jonatán. Nuestro deber como amigos es tener detalles que permanentemente le hagan sentir al otro la seguridad de nuestra lealtad. ¡La lealtad hay que demostrarla y reafirmarla cada día!

Además, los amigos saben pedirse cosas uno al otro. Jonatán así lo hizo:

1 Samuel 20.15-17 (NVI)

«¡Nunca dejes de ser bondadoso con mi familia, aun cuando el Señor borre de la faz de la tierra a todos tus enemigos! ¡Que el Señor pida cuentas de esto a tus enemigos!

De ese modo Jonatán hizo un pacto con la familia de David, pues quería a David como a sí mismo. Por ese cariño que le tenía, le pidió a David confirmar el pacto bajo juramento».

Este pasaje me enseña que en una amistad siempre puede haber pactos nuevos. Aquí vemos un pacto nuevo que sale del corazón de Jonatán, porque Jonatán sabía lo que Dios iba a hacer con David. Él sabía que en algún momento la posición de David iba a cambiar, y que ya no sería perseguido. Jonatán sabía muy bien que algún David sería el rey, y que estaría en la posición de decretar y de bendecir. Por eso le pide que cuando llegue a su reinado, se acuerde de su familia y tenga misericordia de ella. Jonatán le propone a David un pacto que los trasciende a ellos dos. Y no se equivoca. Efectivamente, este juramento que hacen aquí es el que años más tarde le salvará la vida a un chico llamado Mefi-boset, el futuro hijo de Jonatán.

En la amistad siempre hay oportunidades para hacer pactos. Y las amistades que son verdaderas, trascienden de tal manera que los hijos son alcanzados por sus pactos de lealtad, y por sus bendiciones. Por ejemplo, mi esposa Lily y yo tenemos unos amigos con quienes hemos hecho el pacto de cuidar a los hijos de aquellos que mueran primero. Es sencillo: si ellos mueren primero que nosotros, nosotros cuidaremos de sus hijos; y si nosotros morimos primero, ellos cuidarán de nuestras hijas. Esta no es una plática muy agradable de tener, ¡pero qué privilegio es contar con alguien con quien puedas hacer esta clase de pactos!

Es cierto que hasta aquí la historia puede parecer injusta, porque hemos visto a Jonatán hacer mucho por David, pero créeme que más tarde David tuvo la oportunidad (¡y lo hizo!) de mostrarse amigo, de cumplir sus pactos, de ser generoso, y de gritarle al mundo que las amistades reales son posibles.

Pero regresemos al texto. Jonatán se pone creativo y piensa un nuevo plan, y en la siguiente parte del guion incluso le dice a David: «Yo fingiré, fingiré por ti, me arriesgaré por ti, haré lo nunca he hecho, ¡todo por esta amistad!».

Aquí puedes leer las palabras textuales de Jonatán:

1 Samuel 20.18-23 (NVI)

«Además le dijo:

—Mañana es la fiesta de luna nueva. Cuando vean tu asiento desocupado, te van a extrañar. Pasado mañana, sin falta, ve adonde te escondiste la otra vez, y quédate junto a la piedra de Ézel. Yo fingiré estar tirando al blanco y lanzaré tres flechas en esa dirección. Entonces le diré a uno de mis criados que vaya a buscarlas. Si le digo: «Mira, las flechas están más acá, recógelas»; eso querrá decir que no hay peligro y podrás salir sin ninguna preocupación. ¡Tan cierto como que el Señor vive! Pero, si le digo: «Mira, las flechas están más allá», eso querrá decir que el Señor quiere que te vayas, así que ¡escápate! ¡Que el Señor sea siempre testigo del juramento que tú y yo nos hemos hecho!».

Hmmm... Esto me empieza a dar un sabor a despedida... Tú intenta ser positivo, pero no olvides que el plan incluye un «Por si no nos vemos más...».

Y llega finalmente el día del plan. ¡Uff, cuántos nervios!

Leamos juntos:

1 Samuel 20.24-27 (NVI)

«David se escondió en el campo. Cuando llegó la fiesta de luna nueva, el rey se sentó a la mesa para comer ocupando, como de costumbre, el puesto junto a la pared. Jonatán se sentó enfrente, mientras que Abner se acomodó a un lado de Saúl. El asiento de David quedó desocupado. Ese día Saúl no dijo nada, pues pensó: «Algo le habrá pasado a David, que lo dejó ritualmente impuro, y seguramente no pudo purificarse». Pero, como al día siguiente, que era el segundo del mes, el puesto de David seguía desocupado, Saúl le preguntó a Jonatán:

—¿Cómo es que ni ayer ni hoy vino el hijo de Isaí a la comida?».

Hasta aquí parecía que el plan marchaba viento en popa, pero al rey Saúl se le hizo sospechosa la ausencia de David, así que le preguntó a su hijo. Veamos qué le respondió Jonatán:

1 Samuel 20.28-29 (NVI)

«Jonatán respondió:

—David me insistió en que le diera permiso para ir a Belén. Me dijo: 'Por favor, déjame ir. Mi familia va a celebrar el sacrificio anual en nuestro pueblo, y mi hermano me ha ordenado que vaya. Hazme este favor, y permite que me dé una escapada para ver a mis hermanos'. Por eso es que David no se ha sentado a comer con Su Majestad».

Llámalo como quieras: mentira piadosa, estrategia, pretexto. Como sea que lo llames, te digo que Jonatán lo hizo por su mejor amigo. Él le contó una historia distinta de la realidad a su padre mientras David permanecía escondido, para intentar descubrir qué planes tenía Saúl.

Y ahora, una reacción inesperada:

1 Samuel 20.30-31 (NVI)

«Al oír esto, Saúl se enfureció con Jonatán.

—¡Hijo de mala madre! —exclamó—. ¿Crees que no sé qué eres muy amigo del hijo de Isaí, para vergüenza tuya y de tu desgraciada madre? Mientras el hijo de Isaí viva en esta tierra, ¡ni tú ni tu reino estarán seguros! Así que manda a buscarlo, y tráemelo, pues está condenado a morir».

Realmente no me hubiera gustado estar presente en esta escena. Todo se pone muy tenso, y luego Jonatán resulta, también, víctima de la furia de su padre. ¡Saúl explota contra su hijo, y hasta lo maldice! Sin embargo, Jonatán no se amedrenta, y levanta la voz contra su padre para defender a su amigo.

En los momentos más intensos, en los momentos donde los demás quieran intimidarte, ahí es donde debes levantar tu voz más fuerte que nunca, con autoridad, y sin temor alguno, para defender a ese amigo que amas.

Pero volviendo a la discusión entre Jonatán y Saúl, esta ya es una discusión con gritos y con violencia. Lee la siguiente parte del guion:

> **1 Samuel 20.32-34 (NVI)**
>
> «—¿Y por qué ha de morir? —le reclamó Jonatán—. ¿Qué mal ha hecho?
>
> Por toda respuesta, Saúl le arrojó su lanza para herirlo. Así Jonatán se convenció de que su padre estaba decidido a matar a David. Enfurecido, Jonatán se levantó de la mesa y no quiso tomar parte en la comida del segundo día de la fiesta. Estaba muy afligido porque su padre había insultado a David».

Esta historia es muy real. Es cierto: eso es lo que te ganarás cuando practiques lealtad. Alguien se va a enojar, alguien te arrojará lanzas. ¡Pero es parte de ser un buen amigo, y debes hacerlo!

Y vemos que Jonatán se levanta de la mesa, así como tú yo tendríamos que hacerlo cuando los demás se ponen a hablar mal de nuestro amigo que está ausente. ¡Cuántas cosas podemos aprender de esta historia!

Fíjate en este otro detalle: Jonatán termina afligido, pero, ¿por qué? ¿Porque su padre le había gritado? ¿Porque le había arrojado una lanza para herirlo? No, Jonatán termina afligido ¡porque alguien había insultado a su amigo! ¿Te das cuenta de que él ve esto como más grave aún que los gritos y las agresiones de su padre? Una vez más, ¡qué ejemplo de amistad!

Finalmente, nos acercamos a un desenlace que muchos no quisiéramos:

> **1 Samuel 20.35-40 (NVI)**
>
> «Por la mañana Jonatán salió al campo para encontrarse con David. Uno de sus criados más jóvenes lo acompañaba. Jonatán le dijo: "Corre a buscar las flechas que voy a lanzar".
>
> El criado se echó a correr, y Jonatán lanzó una flecha que lo sobrepasó. Cuando el criado llegó al lugar donde la flecha había caído, Jonatán le gritó: "¡Más allá! ¡La flecha está más allá! ¡Date prisa! ¡No te detengas!" Y así continuó gritándole Jonatán. Cuando el criado recogió la flecha y se la trajo a su amo, lo hizo sin sospechar nada, pues solo Jonatán y David sabían de qué se trataba. Entonces Jonatán le dio sus armas al criado. "Vete —le dijo—; llévalas de vuelta a la ciudad"».

Con todo esto quedaba claro que David tenía que huir oficialmente. Quedaba claro que el rey Saúl no pararía hasta matarlo, así que era el momento de tomar decisiones tristes, pero necesarias. A David le esperaba un largo y negro episodio. Estaba a punto de comenzar una odisea difícil, escapando por donde pudiera con tal de salvar su vida.

Como director de la serie, yo no quisiera haber llegado a este punto. No me gusta tener que terminar así el cierre de la tercera y última temporada. Este no era mi final favorito para estos dos amigos. ¡Ellos no merecían terminar así! Pero en la vida real no siempre hay finales felices, así que tengo que continuar. Titularé a esta última parte del guion: «La triste despedida de dos amigos ejemplares».

Acompáñame por favor:

1 Samuel 20.41-42 (NVI)

«En cuanto el criado se fue, David salió de su escondite y, luego de inclinarse tres veces, se postró rostro en tierra. En seguida se besaron y lloraron juntos, hasta que David se desahogó.

«Puedes irte tranquilo —le dijo Jonatán a David—, pues los dos hemos hecho un juramento eterno en nombre del Señor, pidiéndole que juzgue entre tú y yo, y entre tus descendientes y los míos». Así que David se fue, y Jonatán regresó a la ciudad».

Triste despedida, la despedida entre dos amigos que se amaban.

Despedida inmerecida, porque no fue por decisión de ninguno de los dos, sino por culpa de otra persona.

Sufrimiento innecesario, ya que de haber sido otras las circunstancias, entre ellos pudo haber habido alegría, sonrisas, y fiesta por siempre... pero no fue así.

Un cruel adiós, donde nunca tuvo que haber llegado.

Un llanto inmerecido por parte de Jonatán y David.

Se besaron y lloraron juntos por largo rato hasta que David se desahogó. ¡Esta es una escena que me conmueve tanto! Tener con quién llorar en los momentos más crudos de nuestra vida es lo mejor que nos puede pasar. Si tienes con quien llorar, valóralo.

Y sí, David lloro mucho. Estaba despidiéndose de su amigo para siempre. Él sabía que no volvería a verlo, y que eso de pescar en el lago a la orilla de la montaña hasta viejitos juntos ya no iba a ser posible.

Yo me emociono profundamente cuando imagino ese momento en el que, con lágrimas en los ojos, se dijeron un último adiós antes de que David tomara su camino y Jonatán regresara a la ciudad. Sé que ninguno de los dos se quería ir, ¡y solo Dios sabrá cuánto les dolía el corazón!

Un triste final para esta serie. Perdón si te dejo a ti también angustiado. Pero creo que valió la pena. Esta es una historia que me conmueve hasta las lágrimas, pero que a la vez amo por las valiosas enseñanzas que nos deja.

El leer sobre la profunda amistad de David y Jonatán me impulsa a cuidar, a defender y a amar aún más a mis amistades, dando todo por mis amigos tal como ellos lo hicieron. La historia de David y Jonatán me inspira y me desafía. ¿A ti no?

EPÍLOGO

Los primeros capítulos de este libro están llenos de teoría, principios, y ejemplos que muestran que la Biblia promueve la amistad, pero los últimos tres capítulos son distintos. Son parte de una misma historia, algo así como prender Netflix y descubrir una nueva serie de tres temporadas (¡con un gran director!) que nos inspira a ser mejores amigos sin reservas, sin cobardías y sin nada que escatimar.

A veces como líderes nos cuesta recordar que no seremos efectivos ni duraderos en el ministerio si no tenemos una amistad verdadera a nuestro lado. ¡Qué maravilloso es descubrir que la Biblia está llena de versículos que demuestran que la amistad debe ser una de las cosas más importantes en nuestras vidas!

Sueño con nuevas generaciones de líderes que crean en la amistad, que la enseñen, y que la modelen.

Sueño con nuevas generaciones de líderes que sean libres de la envidia y de los celos, dos cosas que arruinan las bellas amistades.

Sueño con nuevas generaciones de líderes que transmitan a otros el verdadero valor de la amistad a la luz de la Biblia.

Y terminaré como empecé. No alcanza tan solo con tener a Dios en nuestras vidas. Cuidémonos para no entrar en ese terreno riesgoso de pensar que no necesitamos amigos aquí en la tierra junto a los cuales caminar. Cuidémonos del gran peligro de creer que, como tenemos ese gran amigo en el cielo, entonces no necesitamos a nadie más con quien hacer equipo en esta bella aventura del liderazgo o del ministerio. Es mejor, incluso, vivir una temporada triste por un amigo que nos falle, que vivir tristes toda una vida por estar solos. Las personas son un complemento diseñado por Dios para bendecirnos, para aconsejarnos, para abrazarnos, y para sostenernos. ¡Todos necesitamos amigos!

Gracias por acompañarme en esta nueva aventura.

¡Hasta la próxima!

LECCIONES

TUS AMISTADES Y LA BIBLIA

VALERIA LEYS

LECCIÓN 01

AMIGOS

Los amigos son sumamente importantes en la adolescencia. La familia es la base de la salud emocional, pero las amistades cumplen un rol diferente y solo entre amigos se aprenden valores y principios que la familia no puede enseñar, y es el espacio perfecto para practicar las relaciones significativas; por eso, los adolescentes anhelan pertenecer a un grupo de amigos. Estas amistades son tan transcendentales que pueden literalmente formar o quebrar al adolescente. Esta lección ayudará a reflexionar en lo que significa la amistad y la importancia de las relaciones acertadas y qué tiene la Biblia para enseñarnos al respecto.

ROMPEHIELO

Reparte un cuadrado de papel pequeño a cada alumno y pídeles que escriban su nombre y apellido y dos cosas de sí mismos que sean algo especiales (por ejemplo: el segundo nombre, si viven con alguien que no es del núcleo familiar, si vivieron en otra ciudad lejana, alguna operación que dejó cicatriz, etc.). Recoge todos los papeles en algún recipiente y luego comienza a leerlos uno a uno pero sin decir de quién es. Prueba si el grupo puede adivinar de quién se trata.

Notas: Presta atención a sus respuestas y mientras avanzas con la clase, piensa: ¿qué te sorprendió de algunas de las cosas que escribieron? ¿Cuánto se conocen entre ellos? ¿Hay amigos en tu grupo? ¿Cuánto conocías tú de ellos? ¿Qué los detiene a que sean amigos?

Todos hemos experimentado uno u otro grado de amistad así que juntos vamos a compartir las experiencias que nos han enseñado a ser el amigo/la amiga que somos, descubriremos qué dice la Biblia acerca de la amistad y por qué este tema es tan importante para Dios.

Vimos anteriormente que la *amistad* se puede definir de la siguiente manera:

> La amistad es la relación más noble,
> libre y maravillosa que el humano pueda escoger.
>
> Es gratis, es voluntaria, es emocionante, es arriesgada,
> es divertida, es emocional, ahí se involucra el alma,
> ahí el corazón va de por medio.
>
> La amistad es como el mar:
> puede verse el principio pero no el final.
>
> Las amistades verdaderas se forjan con la verdad
> y jamás se van a destruir con la mentira.

Estas son palabras de una persona que experimentó la maravillosa aventura de la amistad por años y muchas experiencias. Veamos qué dicen tus adolescentes.

ACTIVIDAD 1: MIS AMIGOS

Entrégale a cada uno de tus chicos la Hoja de Trabajo de la Actividad 1 correspondiente a la Lección 1, que podrás descargar de **www.e625.com/lecciones** y un lápiz para responder. Luego de unos minutos ve punto por punto y anota las respuestas que sean diferentes en una pizarra o un papel grande que puedas pegar en la pared.

Trae ya preparada a tu clase la siguiente definición escrita en grande y descúbrela al momento de leerla:

> **Amistad:**
>
> **El origen etimológico de la palabra amistad no ha podido ser determinado con exactitud. Hay quienes**

> **afirman que proviene del latín *amicus* («amigo»), que a su vez derivó de *amore* («amar»). Sin embargo, otros estudiosos afirman que *amigo* es un vocablo griego compuesto por *a* («sin») y *ego* («yo»), por lo que *amigo* significaría «sin mi yo». En todo caso, la amistad es una relación afectiva entre dos personas y uno de los vínculos interpersonales más comunes que la mayoría de los seres humanos tienen a lo largo de su vida** *(definicion.de)*.

Lo primero que llama la atención en esta definición es que aparece la palabra *amar*, una palabra muy profunda pero sin duda imprescindible en esta relación. Amistad no solo es pasarla bien juntos, sino también amar.

Lo segundo que llama la atención aquí es esa traducción del griego que le da a la palabra «amistad» el sentido de «sin mi yo». El ego desaparece y las ganas de hacer todo por la otra persona aparecen todos los días. El egoísmo no nos deja ser los buenos amigos que tendríamos que ser, los amigos que nuestros amigos se merecen.

¿Has visto qué importante es tener la definición correcta de la palabra «amistad»? Cuando tenemos la definición correcta de las cosas se convierten en recursos: sabemos de qué se trata, sabemos cómo se hace, y no solo eso sino que aprendemos a identificar lo que esa cosa no es, y el identificar lo que la amistad no es nos evitará experiencias negativas y capítulos grises en nuestra vida, además de que nos librará de otras cosas que podrían parecer amistad pero no lo son y que solo nos robarían el tiempo.

ACTIVIDAD 2: LA NO AMISTAD

Pregunta a tus alumnos: ¿qué no es la amistad? ¿Qué tipo de relaciones tienen apariencia de amistad pero no lo son? En la misma pizarra o papel escribe en un costado las sugerencias de lo que no es la amistad.

Según Aristóteles, existen tres tipos de amistades:

1) La primera es *la amistad de utilidad*. En este tipo de amistad las dos personas están involucradas, no por afecto sino porque reciben algún beneficio. No es permanente, ya que termina cuando se acaban los beneficios y definitivamente no es el tipo de relación que debamos buscar como cristianos.

Pregunta y deja que compartan: ***¿Quién tiene un ejemplo?*** *(3 min)*

2) La segunda es *la amistad basada en el placer*. Esta amistad se da entre amigos que hacen actividades deportivas juntos, salen a las mismas fiestas, comparten los mismos pasatiempos o tienen los mismos gustos en cosas como una banda de música, un equipo de fútbol, etc., pero cuando cambian nuestros intereses en la vida ahí se termina todo. Esta era una amistad basada en gustos comunes pero no era una amistad para toda la vida.

Pregunta y deja que compartan: ***¿Quién tiene una de estas experiencias?*** *(3 min)*

3) Finalmente, la tercera es *la amistad de lo bueno*. En esta amistad se comparte una apreciación de lo bueno y lo virtuoso de la vida. No se tiene en esta amistad ninguna intención de sacar provecho del otro ni mucho menos se condiciona esta amistad a una decisión sobre los gustos de cada uno. Este tipo de amistades suelen durar toda la vida, pues no fueron las circunstancias ni los intereses los que los unieron sino que fue una elección simplemente natural, con la pureza de la blanca nieve de las montañas.

¡Todos queremos y necesitamos amigos de este estilo!

«*El verdadero amigo siempre ama, y en tiempos de necesidad es como un hermano*» (Proverbios 17:17).

ACTIVIDAD 3: BFF [BEST FRIENDS FOREVER] (10 MIN)

Divide a tu grupo en subgrupos. Descarga e imprime una Hoja de Trabajo de la Actividad 3 correspondiente a la Lección 1 para cada grupo en **www.e625.com/lecciones**.

Escoge un líder o mediador de cada grupo a quien le entregarás la hoja que debe controlar el tiempo para que solo ocupen 10 minutos.

Luego de que terminen el tiempo de compartir, concluye:

Jonatán era el hijo del rey y quien estaba en la línea para ser el próximo rey de Israel, pero la amistad con David fue más fuerte que cualquier privilegio y poder. Jonatán tenía derecho al trono, pero David había sido escogido por Dios (1 Samuel 16): estos hombres no eran rivales sino mejores amigos.

Cuando leemos «entrañable» tiene que ver con las entrañas, con un sentimiento que viene desde lo más profundo del ser, tiene que ver con cercanía y refleja una relación profunda. Así fue como tomó Jonatán, desde el primer momento, su amistad con David: como una amistad sin reservas. Desde el primer día lo aceptó, nunca lo puso a prueba, nunca dudó de él. ¡Vaya, qué amistad tan especial! Muchas amistades llegan a su fin porque uno de los amigos recibe cosas del cielo sin que él las pida ni haga absolutamente nada para ganárselas, y el otro amigo no puede soportar eso y entonces la envidia se apodera de él, se llena de celos y el asunto termina en una separación. Jonatán pudo haberse autoconvencido con mil razones de que David no era alguien que le conviniera tener como amigo, pudo haberse llenado de celos y de envidia e incluso haber intentado evitar que David siguiera sirviendo en el gabinete de su padre, o aun peor, podría haber confabulado con su padre para matar a David.

¡Los buenos amigos no permiten jamás que la envidia y los celos se apoderen de ellos!

Jonatán y David no solo tuvieron una «amistad entrañable» sino que incluso dice la Biblia que Jonatán «llegó a quererlo como a sí mismo». ¡Llegar a querer a una persona como a uno mismo debe ser lo máximo! Claro, contando que nos amamos y nos cuidamos a nosotros mismos, si no, no tendría sentido. Pero sin duda Jonatán tenía una correcta autoestima y una correcta salud emocional; él sabía amar porque se amaba a sí mismo de una manera saludable.

Esto es a lo que Jesús se refería cuando dijo: «*Ama a tu prójimo como a ti mismo*» (Mateo 22:39, NVI). La primera tarea que tenemos, entonces, es aprender a amarnos y a aceptarnos tal como somos, para luego poder amar de manera correcta a los demás.

La amistad de Jonatán y David era más seria de lo que muchos imaginaban y comenzó a través de un pacto. Aquí llegan una serie de líneas que sirven para recordarnos que en una amistad siempre se trata de dar: para mostrar que eran amigos, Jonatán le dio a David su túnica, su espada, su arco y su cinturón.

1. EL MANTO ES UN SÍMBOLO DE COBERTURA, YA QUE SIRVE PARA TAPAR O RESGUARDAR.

¡Necesitamos amigos que nos cubran, que resguarden nuestra vida, que nos hagan sentir que no caminamos solos! No solo eso, sino que una amistad verdadera necesita una cobertura espiritual en la que se cuenten mutuamente sus debilidades y se protejan el uno al otro de no caer. Obviamente, nosotros debemos ser ese amigo/amiga también.

2. LA ESPADA ES SÍMBOLO DE AUTORIDAD Y RESPETO.

Al regalarle su espada a David, Jonatán estaba diciéndole: «De ahora en delante te respeto y tienes autoridad en mi vida». ¡Y no se nos olvide que Jonatán era nada más y nada menos que el hijo del rey! Debes darle a tus amigos autoridad de corregirte y valorar su corrección, ¡porque te aman! Un verdadero amigo corrige en amor para tu bien, y tú a él/ella.

3. EL ARCO.

En aquellos tiempos, los arqueros tenían el poder de matar a cualquier persona que atentara contra el rey. El arquero no debía pedir permiso a nadie —ni siquiera al rey mismo— pues un arquero tenía el poder de tomar esa decisión. Como ves, aquí la palabra *arco* tiene la misma connotación que tiene la palabra *poder*: facultad de hacer algo, dominio, influencia, fuerza, capacidad o posesión de alguna cosa. Y Jonatán le entregó todo eso a David al darle su arco.

4. EL CINTURÓN DONDE SE LLEVABAN LA DAGA Y LA ESPADA, PIEDRAS PRECIOSAS Y DINERO.

Quien llevaba un cinturón de este tipo demostraba a los demás que tenía seguridad y provisión. Al entregarle su cinturón, Jonatán estaba asegurándole a David que todas sus necesidades iban a ser cubiertas y estaba dejándole saber que él cumpliría los compromisos que estaba haciendo. Con esto le dijo: «Todo lo mío, todo lo que soy es tuyo».

En esta lección podemos comprender lo importante que son las amistades y cómo Jonatán se entregó a David de lleno con todo lo que tenía. Esta amistad sí que va bien con la definición que vimos antes. Hay amistades que son más valiosas que el oro; Proverbios 18:24 dice: «*Hay amigos que nos llevan a la ruina, pero hay amigos más fieles que un hermano*», más cercanos y leales que nuestra familia de sangre.

Hasta este punto de la historia pareciera que Jonatán era el único que hacía algo por su amigo. A veces nos toca ser la persona que da y a veces la que recibe; la amistad es así y nadie está llevando la cuenta, porque es más importante ser generosos con nuestros amigos en el tiempo en que cada uno lo necesita. Veremos cómo sigue esta historia de amistad verdadera en las siguientes lecciones, pero mientras tanto entendemos que hay amistades de todos los estilos pero las que necesitamos son las verdaderas, amigos que aman y respetan quienes somos y están dispuestos a darlo todo el uno por el otro, esa amistad de lo bueno; amigos que existen para servirse, cuidarse, reír y llorar, sin competencia, sin envidia. ¿Quién no quiere una de esas amistades?

Por eso en las siguientes lecciones hablaremos de cómo encontrar esos amigos, cómo ser esos amigos y qué dice la Biblia al respecto.

Cierra tu clase en oración pidiéndole al Padre por aquellos amigos que nos acompañarán en la vida y a quienes acompañaremos a caminar en la verdad, por amigos de verdad que amen como nuestro Señor nos enseñó a amar, nos hagan pertenecer y sentirnos valorados, a quienes nosotros podamos valorar y levantar también.

LECCIÓN 02

CREADOS PARA SER AMIGOS

La Biblia es una historia de amor de Dios, el ser más poderoso del universo, queriendo relacionarse con su creación: por eso «*Dios creó a los seres humanos a su imagen. Sí, a su imagen Dios los creó [...] sopló en su nariz el aliento de vida. Fue así como el hombre se convirtió en un ser vivo*» (Génesis 1:27-2:7).

Dios nos creó diferentes al resto de la creación, nos hizo parecidos a él, con muchas de sus cualidades para que podamos relacionarnos con él. Y sopló de su espíritu en el humano; el resto de la creación fue creada por su palabra (como por ejemplo dice Génesis 1:3) pero el hombre por el propio Espíritu de Dios. Llevamos dentro nuestro —nos demos cuenta o no— una parte de nuestro creador, y es por eso que nuestra alma anhela esa relación con Dios.

La Biblia nos enseña cómo ser buenos amigos y qué características debemos reunir para serlo; no tiene en poco esta palabra sino que nos dice lo necesaria que es para nuestras vidas, nos dice cómo mostrar amistad, nos da ejemplos de buenas y malas amistades y nos deja en claro —a través de la amistad de Jesús con sus discípulos y a través de otras tantas historias— que tener amigos verdaderos es posible.

La Biblia promueve la amistad y premia la amistad, nos deja en claro nuestra necesidad de tener amigos y que la amistad es uno de los valores más importantes en nuestras vidas; nos dice que sin amigos no podremos tener éxito en esta gran aventura llamada vida, y eso vamos a ver en esta lección.

ROMPEHIELO

Prepara copias de la hoja con la Actividad Rompehielo *Me too!, correspondiente a la Lección 2,* que puedes descargar de **www.e625.com/lecciones.** Si tu grupo es muy pequeño, haz las preguntas en voz alta y agrega más cosas como cantidad de hermanos, escuela a la que van, nombre que le pondrían a una mascota, materia favorita en la escuela, equipo de fútbol favorito, etc. Puedes hacerlo tan largo como quieras. La idea de este rompehielos es que encuentren las cosas en común con los demás, que puedan identificarse con otros que casi no conocen y, por qué no, quizás comenzar una nueva amistad. También debes tomar nota: te encontrarás con datos importantes para recordar en el camino del discipulado de tus chicos.

Tú y yo podemos decidir estar solos, no tener amigos e intentar hacer todas las cosas de manera individual; sin embargo, la Biblia nos aconseja de una manera muy intensa acerca de este tema, y dije «nos aconseja», no nos obliga, pero creo que la mejor manera de que nos vaya bien en la vida es poniendo en práctica lo que la Biblia nos aconseja, porque la Biblia está inspirada por Dios y es nuestro manual de vida plena.

Como dijimos antes, Dios nos creó para relacionarse con nosotros: él quiere ser nuestro amigo, un amigo por excelencia, y todo lo que él nos diga es para nuestro bien.

La Biblia siempre nos invita a hacer las cosas al lado de otras personas; siempre acompañados, nunca solos.

ACTIVIDAD 1:

Imprime los versículos a continuación en papelitos individuales y repártelos a tus alumnos sin ningún orden en particular. Luego pídeles que los lean y piensen qué significa eso para ellos. Luego pregunta quién tiene el versículo, que lo lea en voz alta y diga qué piensa al respecto, y da lugar si alguien más quiere comentar o dar un ejemplo.

Eclesiastés 4.12 - Gálatas 6:2 - Proverbios 27:9 - Proverbios 27:6 - 1 Corintios 15:33 - Proverbios 18:24

Luego explícalos rápidamente:

La palabra «carga» en el versículo de Gálatas es *barós* y habla de un peso grande que tenía que llevarse a distancias largas; así es que esto se convierte en una metáfora para cualquier dificultad, desafío o situación que resulte tan intensa y pesada que solos no podamos cargarla.

A través del apóstol Pablo, la Biblia nos alienta a ayudar a quien lleva cargas pesadas pero también nos invita a ser honestos y a saber decir «No puedo, esto es demasiado pesado, necesito ayuda»; es allí donde el amigo más cercano ayudará a su amigo a sobrellevar ese día malo, es allí donde aparece el amigo para cargar junto con su amigo esa situación tan pesada de llevar. Cuando estamos solos las cargas nos vencen pronto; para las mentiras que alguien nos dice o que creemos de nosotros mismos, un amigo puede ayudarnos a ver cuál es la verdad. Las injusticias con amigos son más soportables, y estar con ellos es como un oasis. La mayoría de las veces los desafíos no se van de un día para el otro y nos sentimos como si estuviéramos atravesando por la oscuridad que nunca termina. En estas ocasiones nos vendrá bien un amigo que aliviane el peso de nuestra carga y nos haga compañía en el trayecto.

Además, de a dos o tres no nos vence nada tan fácil: es que un amigo nos conoce y sabe cómo animarnos. Es cierto que muchas personas pueden animarnos aun sin ser nuestros amigos; podemos ser animados a través de un libro aunque sea de un autor que no conocemos, pero que a pesar de eso nos levanta el ánimo con lo que ha escrito. Podemos ver en YouTube una conferencia de alguien que con sus palabras nos inspira a pesar de que no lo conozcamos; hasta una película puede animarnos o darnos valentía, pero el ánimo que puede darnos un amigo es diferente. La Biblia nos dice que «*la dulzura de la amistad fortalece el ánimo*», ¡y creo que ante esto no hay competencia! Porque a un amigo verdadero lo consideramos importante y valoramos su opinión.

Por eso la importancia de escoger los amigos correctos, amigos «sabios» no porque saben todo sino porque buscan lo mejor, y eso significa que siempre nos empujarán a buscar el consejo de Dios (Daniel 2:20); en cambio, las malas compañías nos empujarán a las malas decisiones. La Biblia, preocupada por nuestra integridad, nos pide tener cuidado con esas compañías que podrían alejarnos de nuestro propósito y de nuestros sueños o que hasta podrían provocar que dejemos de agradar a Jesús. Mejor ocúpate de que tu vida esté rodeada de personas que te hagan bien, personas que te impulsen, que te hagan soñar más fuerte para Dios, compañías que te inspiren, que te exhorten y que te confronten cuando estás haciendo algo mal, que te corrijan cuando cometas un error. Sobre todo, personas que no pongan en riesgo tu integridad.

Estas personas, verdaderos amigos, son quienes pueden levantar la bandera roja y decirnos que algo no está bien aquí, y tenemos que saber que eso la mayoría de las veces es mejor que quien nos hace creer que es nuestro amigo y nos dice que todo está bien mientras nos hundimos en malas decisiones. La parte del beso es más fácil de entender: obviamente se trata de un beso falso del enemigo que te alaba pero en realidad no busca tu bien, por eso quiero concentrarme en esa imagen del amigo que hiere. ¿Por qué será que hiere ese amigo? Tal vez porque está confrontándote con algún pecado en tu vida que preferirías ignorar; te hiere para cuidar tu integridad, para salvarte la vida.

Y por último, una gran verdad: el que quiere tener amigos debe ser amigo. Aquí la Biblia nos lleva a ser confrontados; no pidas a otros lo que tú no puedes dar. Necesitamos despertar virtudes que estaban dormidas, practicar una clase de generosidad que a lo mejor pensábamos que no era necesario practicar y disponer de todo el amor posible para esa persona que está por llegar a nuestras vidas como una verdadera amistad.

La Biblia está llena de excelentes consejos sobre ser buenos amigos, sobre escoger bien a los amigos y entregarse con todo lo que somos. Jesús fue el máximo amigo que alguien pudo tener: a sus discípulos les dio de comer, les dio un propósito de vida, les enseñó muchas cosas y también les hizo muchas preguntas, viajó con ellos, conoció sus casas y a sus familias y sanó a sus parientes, e hizo lo máximo posible en materia de amistad: ¡dio su vida por sus amigos! «*Nadie tiene amor más grande que el dar la vida por sus amigos*» (Juan 15:13), y ese fue Jesús; dio la vida por sus amigos, ¡y eso nos incluye! Jesús quiere nuestra amistad.

ACTIVIDAD 2:

Divide a tu grupo en equipos. Para hacerlo puedes hacer que saquen de una bolsa papeles de colores; el color que les toca es su equipo (claro que debes contar la cantidad de alumnos que tengas y colocar tantos papeles como chicos haya, de dos, tres o más colores según la cantidad de grupos en los que quieras dividirlos, pero diría que no sean más de 5 en cada grupo). Prepara de antemano revistas, diarios, panfletos de publicidades, lápices de colores, todo lo que puedas conseguir para que ellos decoren una cartulina u hoja blanca.

Divide los materiales por los grupos y pídeles que creen al amigo perfecto. Que dibujen, corten y peguen, que sean creativos, pero que no se olviden de colocarle cualidades (de aquellas de las que estuvimos hablando).

Los amigos nunca serán perfectos; nosotros no lo seremos, pero Dios sí lo es y aun así él quiere una relación tan cercana como los mejores amigos. Y como dijimos en un comienzo, por esa razón nos hizo a su imagen y que al tener su aliento que nos dio vida nuestra alma anhela relacionarse con él. Hemos sido creados para eso.

En un principio Dios habló con Israel y le dijo lo que quería que sucediera: «*Caminaré en medio de ustedes y seré su Dios, y ustedes serán mi pueblo*» (Levítico 26:12) y no suena a una relación muy de amigos sino más bien de rey y pueblo, el que reina y los gobernados, hasta que llegó Jesús y nos dijo: «*Ya no les llamo sirvientes, porque el sirviente no sabe lo que hace su amo. Ahora los llamo amigos, porque les he enseñado todo lo que he oído decir a mi Padre*» (Juan 15:15).

Jesús sigue siendo nuestro Señor, él sigue siendo a quien debemos adorar y amar, él sigue siendo ese rey que se merece recibir toda la gloria y la honra. Él sigue siendo el salvador del mundo, el todopoderoso, aquel a quien servimos, pero ¡quién lo diría!, él ahora también es mi amigo, tu amigo, nuestro amigo. No porque seamos dignos, sino porque él así lo ha decidido.

La confianza es crucial en una relación de amistad. Jesús nos dice que él nos confió las cosas que su Padre le había dicho. ¡Todo lo que Jesús le oyó a su Padre nos lo ha dado a conocer!

Esos secretos profundos solo se comparten con amigos. Hay asuntos de la vida que solo pueden revelárseles a los amigos y a nadie más. Recibir el secreto de una persona que es tu amiga te dice mucho, te dice que te ama, te dice que te tiene confianza, te dice que tú eres esa caja fuerte donde puede dejar con tranquilidad las cosas que en otro lugar no podría dejar. Los secretos más intensos son una prueba de verdadera amistad.

Pero hay otro aspecto más de la amistad que Jesús nos ofrece: la modalidad de amistad que Jesús quiere con nosotros es una amistad donde él jamás nos hará un desaire, jamás nos humillará y jamás nos dejará caer. Jesús se baja a nuestro nivel. Al hacernos sus amigos, se iguala con nosotros y nos iguala a nosotros con él y tiene una amistad de no competencia con nosotros, por eso es que puede decirnos lo siguiente: «*Les aseguro que el que cree en mí hará las mismas obras que yo hago, y hará obras todavía mayores porque yo vuelvo al Padre*» (Juan 14:12).

Cuando un amigo te dice que se alegraría de que tú hagas cosas mayores de las que él mismo hizo, ¡eso es amistad verdadera! Además, como si todo esto fuera poco, me gusta saber que Jesús fue quien tomó la iniciativa: esta amistad no la empezamos nosotros, fue idea de Jesús.

Cuando él dice que nos hace sus amigos, está diciendonos «Todo lo que es mío es de ustedes, todo les pertenece. Tienen acceso a todo. Úsenlo, compártanlo y deléitense en todo lo que es mío, porque también es de ustedes». Si logramos aceptar, experimentar y corresponder esa amistad que Jesús nos ofrece entonces estaremos listos para ser amigos de las otras personas que están a nuestro alrededor, algo así como «Soy amigo de Jesús para poder ser mejor amigo de los demás, ¡porque ahora sé cómo se hace!».

JESÚS NOS AMÓ PRIMERO A NOSOTROS

«*[...] si amamos a Dios es porque él nos amó primero*» (1 Juan 4:19).

Todo lo que hagamos por él, él lo hizo primero por nosotros. Si lo amamos es porque él nos amó primero; si lo servimos es porque él nos sirvió primero; si lo buscamos es porque él nos buscó primero. Y porque él nos encontró primero, nosotros pudimos encontrarlo a él.

La iniciativa para que nuestra relación de amistad sea una realidad nació en el corazón de Jesús, no en el nuestro. Qué emoción es saber que ese Jesús, a quien llaman el Salvador del mundo, el Todopoderoso, el Eterno, el Príncipe de Paz, el dueño de todas las cosas, fue el mismo que tomó la decisión de buscarnos para ser nuestro amigo. ¡Qué enorme privilegio!

Es probable que tu amistad con alguien comience por las cosas que tengan en común, por la pasión que ambos sienten por algo en común, y es un buen comienzo pero luego, como lo hizo Jesús, nosotros somos los que debemos tomar la iniciativa de amar a la otra persona aun cuando puede que no nos quieran de la misma manera al principio; debemos tomar la iniciativa de buscar a ese amigo cuando está alejado (quizás lo necesita más que nunca), tomar la iniciativa de dar sin esperar recibir nada a cambio hasta que se transforme en algo mutuo, de hacer que esa relación de amistad crezca y funcione y quizás dure para siempre.

Que ni el orgullo, la arrogancia o la pereza nos roben la alegría de tomar la iniciativa, de ser los primeros en tomar acciones que tengan que ver con amar, con perdonar y con cultivar una bella amistad.

Primero entendemos cómo Dios nos amó y su modelo de amistad, entonces podemos nosotros ser sus imitadores. Fuimos creados para relacionarnos con él y al hacerlo podemos relacionarnos con los demás.

Cierra tu clase dando gracias a Dios por su amistad, por dejarnos acercarnos a él, por llamarnos amigos y por ser siempre nuestro más excelente ejemplo, para que aprendamos a darnos a los demás como él lo hizo y para ser un reflejo de quien él es.

Pero... ¿qué pasó con David y Jonatán? Bien, esa historia sigue en el próximo capítulo, porque en esta lección ¡el actor principal fue Jesús!

LECCIÓN 03

APRENDIENDO A SER AMIGOS

La amistad es un elemento clave en la vida de las personas; quiénes son nuestros amigos dice mucho de nosotros, habla de nuestros valores, de nuestros objetivos, ambiciones y propósitos. La decisión más importante en nuestra vida es la de seguir a Jesús y la segunda es quiénes serán mis amigos; quizás alguno diga que lo segundo es con quién me casaré, pero para encontrar a la esposa o el esposo correctos primero hay que tener los amigos correctos. Jesús siempre es la base de todo porque el que ama a Dios desea seguirlo y amará abiertamente y sin egoísmo y buscará nuestro bien, y si nosotros amamos a Dios de la misma manera no hay forma de que nuestra vida vaya mal porque aun en las pruebas más difíciles ahí estará a nuestro lado todo lo que necesitamos: Dios mismo representado en nuestros seres queridos.

¿Cómo podemos saber si la persona que está frente a nosotros es un buen amigo o una buena amiga? ¿Será que yo soy un buen amigo o amiga?

ROMPEHIELO

Prepara de antemano globos y cintas para atarse los globos a los tobillos. Este juego es viejo pero muy divertido, solo te prevengo de los gritos y explosiones.

Primero entrega un globo a cada concursante para que lo inflen tan grande como quieran; luego dales un pedazo de cinta y pídeles que se lo aten a su tobillo. A la señal o cuando comienza la música todos deben intentar explotar el globo de sus compañeros sin que exploten el suyo.

Luego vuelve a jugar a lo mismo, solo que esta vez divide a tu grupo en parejas. Esta tarea probablemente sea todo un logro trabajando con preadolescentes, así que te sugerimos una manera en que puedes hacerlo: consigue dos mazos de cartas (barajas), toma dos cartas iguales de cada estilo (tantas parejas como necesites según la cantidad de alumnos), mézclalas y que ellos mismos sean los que toman una carta sin verla. Pídeles que no hagan expresiones como «¡Uhhh!», «¡Nooo!», etc., porque es solo un juego y no un casamiento.

Ahora solo uno de los dos tendrá el globo en su tobillo, y su pareja —tomados ambos de la mano— defenderá el globo de su compañero/compañera mientras éste trata de explorar el globo de los demás.

Si tienes tiempo, vuelve a intentarlo con las mismas parejas; ahora que saben cómo va el juego y cuáles son sus fortalezas y debilidades, déjalos que hagan estrategias y planes para lograr un mejor resultado.

Trabajando con alguien que nos defienda siempre es más divertido y trae mejores resultados.

Nota: después de este juego tan activo es difícil volver a la calma rápido, así que te sugiero que les des un premio a todos y mientras se sientan en sus lugares puedan comer unos caramelos.

Hoy retomaremos la historia de David y Jonatán y sus aventuras de mejores amigos. En esta segunda temporada nos tocará ver cómo todo se descompone, y es así. Las verdaderas amistades pasan por etapas buenas y malas; nosotros también debemos estar preparados, porque en nuestras amistades las cosas alguna vez van a descomponerse. Alguien o alguna situación se interpondrá y nuestra amistad será probada, pero las verdaderas amistades ganan siempre.

Como el texto a leer es un poco largo vamos a hacerlo de una manera divertida: representación espontánea de la narración. Para esto necesitarás un narrador (preferiblemente un líder), alguien que haga de David, un Jonatán, un Saúl, varias mujeres, algunos funcionarios, Mical (la esposa de David) y algunos soldados de Saúl. Designa los personajes. Sé inteligente en escoger a los tres más importantes sabiendo que tienen que ser seguros de sí mismos, que no tengan vergüenza y que se diviertan con lo que tienen que hacer. Si tu grupo es pequeño, puedes pedirles a algunos padres que te ayuden a representarlo también espontáneamente mientras vas leyéndolo.

Copia los relatos de la historia correspondientes a la Lección 3 para todos los participantes, aunque también puedes copiarlo para el resto de los alumnos. Bájalos de **www.e625.com/lecciones** con sus instrucciones. Que el narrador comience a leer, ¡y diviértanse!

PARTE 1: LO INESPERADO

David sabía que él iba a ser el siguiente rey, pero nunca pensó en quitarle el lugar a Saúl. David sabía que Dios dispondría el tiempo perfecto para su reinado.

Lamentablemente, Saúl no veía las cosas como David las veía y prefirió intentar matarlo para quitarlo del camino. No, no estás viendo una serie en Netflix: esta es una serie original de la Biblia y es real.

Primero Saúl planeó que David muriera en alguna batalla pero este plan fracasó, y David siguió obteniendo victorias y acumulando más y más admiración por parte del pueblo.

Al ver Saúl que David no moría en las batallas, intentó que todos los de su casa, sus siervos y hasta su hijo mayor se pusieran de acuerdo en un complot para matar a David.

PARTE 2: LOS VERDADEROS AMIGOS LEVANTAN LA VOZ POR LOS AMIGOS

Es más fácil quedarse callado y no sufrir las consecuencias del interceder por nuestros amigos que levantar la voz y tratar de defender a quien amamos. El problema es que las consecuencias pueden ser graves, y más de uno no está dispuesto a sufrirlas.

Jonatán no solo lo defendió, ¡sino que también habló bien de él! Muchos defendemos al amigo pero al mismo tiempo hablamos mal de él. Él le recordó a su padre que su amigo David le había hecho bien a la familia, le recordó lo valiente que era David y qué grandes victorias le había dado a Israel. Incluso intentó tocar también la conciencia de su padre, al preguntarle algo como por qué querer quitarle la vida a quien estuvo dispuesto a arriesgarla por lealtad a uno. Jonatán valoraba a su amigo y a su padre, pero podía ver que su padre estaba siendo injusto con David, y al mismo tiempo honró la lealtad de David con Saúl. A veces, hacer lo correcto no es lo más popular.

Jonatán podría haber sentido miedo de su padre y traicionar a David; probablemente la mayoría de nosotros hubiéramos hecho eso. Es lo que el mundo sin Jesús nos enseña: cuidarse a uno mismo, velar por los propios intereses, buscar tu bienestar, luchar por lo quieres lograr.

Jesús tenía un buen amigo que lo traicionó: Judas. Era uno de sus doce mejores amigos, los que caminaban con él y a quienes él mismo escogió (muchos van más lejos y dicen que debía ser su mejor amigo y su hombre de confianza porque Judas era el tesorero de Jesús). Jesús no pudo recuperar a este amigo porque se quitó la vida, pero de no haber sido así ten por seguro que Jesús le habría dado una nueva oportunidad, habría seguido amándolo, lo habría perdonado y lo habría recuperado. ¡Cuántas conversaciones juntos, cuántos momentos habrán ayudado a forjar esa amistad que los llevaría a tener la confianza como para comer del mismo plato en la cena más recordada de todos los tiempos!

¿Qué habrá pasado por la mente de Judas? ¿Lo habrá hecho por las monedas de plata que recibiría a cambio o simplemente lo venció su propia naturaleza humana? Me asusta pensar que en nuestra naturaleza esté el traicionar, pero tal vez sea así...

Lo que sabemos es que Judas traicionó a Jesús por 30 monedas de plata; esto equivaldría hoy en día a poco más de 65 dólares. ¡Pero una amistad vale mucho más que 65 dólares! Puede parecer algo obvio, pero estemos alertas porque esos 65 dólares pueden representar las cosas pequeñas e insignificantes por las que podríamos perder a un amigo. Siempre cuidamos los grandes temas, pero a veces dejamos pasar las pequeñas cosas, los detalles, que sin darnos cuenta comienzan a deteriorar nuestra amistad.

Jesús sabía que Judas iba a traicionarlo desde antes de que esto ocurriera, y no lo evitó. Jesús lo vio venir y no hizo nada para impedirlo; de hecho, ni siquiera le reprochó nada a Judas. Lo único que leemos es un anuncio en el que Jesús dice: «*Les aseguro que uno de ustedes, que está comiendo conmigo, me va a traicionar*» (Marcos 14:18). Tú y yo jamás podremos impedir que nos traicionen porque la única persona que puede evitarlo es aquella que decidió traicionarnos, y para ello necesita mucho valor, mucha fuerza de voluntad. Para que esa persona decida no ejecutar la traición ya premeditada necesita las agallas de renunciar a aquellas cosas que iba a recibir por traicionarte. Generalmente lo que se recibe a cambio es quedar bien con alguien más, o por revancha quizás nosotros hagamos algo mal antes de la traición, algo con lo que herimos a nuestro amigo ignorándolo, no dándole el tiempo que requiere una amistad, olvidando cosas importantes, concentrándonos solo en nuestras necesidades, etc.

El primer consejo es siempre este: intenta recuperar a ese amigo aunque te haya traicionado. Perdónalo y busca entrar con él en una etapa de reconciliación, pero si ese amigo decide irse de tu vida entonces tú ya no puedes hacer nada más que perdonarlo en el corazón y abrirte a nuevas amistades, reconociendo que tú no puedes caminar solo en la vida. La traición desnuda totalmente el corazón de la persona y entonces podemos verla tal cual es, así como cuáles son sus debilidades y probablemente inseguridades que luego del perdón pueden quitarse del medio y dar permiso a un lazo aun más fuerte y apretado.

¡No te demores en perdonar esa traición! El liberar con tu perdón a la otra persona te libera a ti también. No tengas atada a ti a esa persona que te traicionó porque entonces sentirás la traición todos los días y a toda hora; ya no la menciones, porque cada vez que mencionas a esa persona estás proyectando amargura, aunque no quieras reconocerlo.

PARTE 3: CUIDAR A TU AMIGO ES CUIDAR EL SUEÑO DE DIOS

Jonatán estaba muy alegre de poder tener juntos nuevamente a su papá y a su mejor amigo como antes, aunque no logró que durara mucho; obviamente había un propósito de Dios en esta relación de amor y odio de Saúl hacia David. Saúl fue el rey escogido por el pueblo pero David era el rey escogido por Dios, y eso hacía toda la diferencia. Dios protege y bendice a David aunque Saúl intente mil cosas (debes leer la historia completa en casa) y una de las maneras de protegerlo es a través de las personas que lo rodearon. Obviamente David era un buen amigo, era un buen compañero y aquellos que lo conocían lo amaban.

Jonatán fue honesto con David, reconoció la integridad del caminar de David y lo honró con lealtad y honestidad. Seamos honestos con nuestros amigos y cuando las cosas les salen muy bien no tengamos envidia; quizás no logres evitar el tener ganas de estar en su lugar, pero no alimentes esa envidia con pensamientos de mal.

Jonatán cuidó a David; un mejor amigo también cuidaría de nosotros, nos advertiría cuando estamos entrando en terrenos peligrosos y nosotros debemos hacerlo también. No es lo popular, quizás sea un desafío grande darnos cuenta de que están cuidando de nosotros, pero si es tu verdadero amigo presta atención.

Jonatán escondió a su amigo. Algunas veces necesitamos cubrir a nuestros amigos para que no sean humillados o expuestos en vergüenza, y esto no significa que debamos encubrir sus malos actos pero sí darle la oportunidad de encontrar la manera de resolver las cosas guardando su integridad y reputación; todos nos equivocamos y todos necesitamos ser protegidos en algún momento. Mical también cuidó y escondió (o ayudó a huir) a David: sabía que Saúl estaba enfurecido de celos y temor y ella lo amaba profundamente.

Dios siempre quiere usarnos para bendecir a nuestros amigos, es decir, no solo sale de ti el ser un buen amigo sino que Dios te usa como instrumento para cuidar de esa persona que él desea usar para su gloria. El enemigo siempre está tendiendo trampas pero esas trampas fracasarán porque tú estarás de por medio, siempre sensible y atento para cuidar a tu amigo. Recuerda que muchas veces cuidar a tu amigo es cuidar el sueño de Dios, y por eso es que Satanás quiere desenfocarnos de nuestros amigos y enfocarnos solo en nosotros, porque sabe que con amigos somos más fuertes, como David.

Cierra orando por tus alumnos pidiendo al Señor que nos ayude a ser esos amigos que cuidan, que hablan con honestidad, que protegen en la debilidad, que saben perdonar y restaurar la relación en las dificultades y que bendicen en todo momento.

La historia continuará la próxima vez con un gran final.

LECCIÓN 04

AMIGOS INIGUALABLES

¡Bienvenido a una nueva temporada! ¡Bienvenido al cierre de esta serie! ¿Te tomaste el respiro que te recomendé? Espero que sí, porque esta temporada final viene cargada de emociones: ¡el cierre de esta serie tiene que desafiarnos a ser amigos inigualables! Hay personas que no creen en la amistad. A ti incluso tal vez te sorprenda lo que estoy diciendo, pero efectivamente hay personas que, por una mala experiencia que sufrieron en algún momento de su vida, han decidido no volver a creer en la amistad jamás.

Para restaurar esta palabra y volver a creer en la amistad es necesario primeramente restaurar nuestro corazón y comenzar una relación con Jesús: tener primero una amistad con él nos llevará a creer nuevamente que es posible tener una amistad con otras personas. ¡Quien tiene una amistad con Jesús siempre tendrá una opinión positiva sobre la amistad!

ROMPEHIELO

Divide al grupo en dos equipos, un círculo interno y uno externo, cada uno mirando al otro. Debe ser parejo; si el número es impar súmate al juego. A la orden, los del círculo de adentro tienen 10 segundos para decir «por ti, amigo/amiga, yo...» y debe decir algo que haría por esa persona, por ejemplo: «gritaría que te quiero»; «bailaría «La Macarena»», «haría 10 abdominales», etc.

Luego de decir qué haría por esa persona, viene un pedido: «Y quisiera que tú, amigo/amiga, hicieras por mí...» y debe pedirle algo, por ejemplo: «que me dieras un abrazo», «que saltaras tan alto como puedas 5 veces», «que me cantes una canción», etc.

Una vez que terminan los dos (que no debe tomar más de 30 segundos), los de adentro giran hacia la dirección que tú digas y tantos espacios como indiques, por ejemplo: girar a la derecha tres espacios (o personas), girar a la izquierda un espacio, y así varias veces.

Reglas: no se puede repetir lo que se hace ni lo que se pide, no puede ser nada inapropiado y no se puede negar al pedido. ¡Diviértanse!

UNA AMISTAD JAMÁS IGUALADA:

Repasemos brevemente en qué nos quedamos en el episodio anterior: David acaba de huir, el rey lo busca porque quiere matarlo y David busca un refugio seguro (¡esperemos que lo encuentre!).

¿Adónde crees que escapó? ¡Sí, acertaste! David escapó al lugar donde estaba su mejor amigo.

LECTURA BÍBLICA:

Reparte las lecturas bíblicas a tus chicos; puedes escoger a 14 chicos para que lean o puedes escoger a algunos que se ofrezcan a leer más de una lectura (algunas son bien cortas). No presiones a nadie que no quiera leer; a veces los adolescentes se sienten inseguros de su lectura y no quieren pasar vergüenza.

Imprime copias de las lecturas correspondientes a la Lección 4 para los que leen o para todos. Puedes descargarlas en **www.e625.com/lecciones**, o pídeles a todos que vayan a 1 Samuel 20 en sus Biblias.

DESARROLLO:

Lectura 1: 1 Samuel 20:1-3

A esta altura de la historia, muchos pensaríamos que Jonatán cambiaría su postura de ser un buen amigo a ser un buen hijo, pero no: Jonatán siguió en su posición de ser un amigo fiel.

¡Cómo necesitamos en estos tiempos que haya más amigos fieles, amigos que te apoyen en los momentos de desesperación, de tristeza o de estrés, amigos que estén contigo en las buenas y en las malas, amigos que no te vendan, que no te cambien, que no hablen a tus espaldas! Y aquí te tocan dos responsabilidades: primero, buscarte amigos como estos, para que te ayuden cuando lo necesites, y segundo, esforzarte por ser tú ese amigo fiel para otros.

Un amigo fiel es aquel que siempre está firme y constante en sus afectos, ideas y obligaciones, aquel que cumple con sus compromisos y que hará lo que dijo que haría por ti.

Lectura 2: 1 Samuel 20:4

Esta es la frase que identifica a una amistad verdadera. Creo que esta es la frase que acredita que estamos hablando de una amistad genuina, de una amistad que nada podrá romper jamás. No se nos olvide que quien perseguía a David era el padre de Jonatán, y sin embargo el mismo Jonatán —consciente de que su papá era el que estaba actuando mal— le dice a David «Dime qué quieres que haga, y lo haré».

¡Tal vez sea la escena más emotiva de mi película! «Dime qué quieres que haga, y lo haré». Que sea esta la frase que le haga saber a nuestros amigos que somos genuinos, que somos honestos y que pueden contar con nosotros siempre. Esto es correcto en una amistad correcta, pero no aplica cuando lo que te pide tu amigo/amiga no se alinea con lo que Dios te pide; esto es solo porque David tenía el corazón correcto, un corazón conforme al corazón de Dios

(1 Samuel 13:14), pero ningún verdadero amigo te pediría nada que no sea bien intencionado y que te bendiga (Proverbios 27:9).

Ahora la pregunta personal para ti es si esta frase u ofrecimiento forma parte de tus amistades hoy en día. ¿Le dirías tú esto a un amigo? ¿Le dirías «Dime qué quieres que haga, y lo haré»?

Lectura 3: 1 Samuel 20:5-7

Esta era la idea de David, él quería estar seguro de que este no había sido tan solo un momento de furia del rey Saúl sino una decisión firme de matarlo.

Lectura 4: 1 Samuel 20:8

Conmueve cómo David pone su vida en las manos de Jonatán cuando le dice: «Te amo tanto que no quiero causarte más problemas. Si soy culpable, mátame tú. Terminemos con esto, pero hazlo tú». David estaba diciendo algo así como «Prefiero encontrar la muerte en las manos que me aman que morir en manos de alguien que me odia».

David pronuncia estas palabras y Jonatán lo escucha; lo dejó abrir su corazón y le dio tiempo para decir todo lo que sintiera. Nosotros debemos aprender a ser ese paño de llanto para nuestros amigos, permitir que lloren, que se quejen, que griten, que dejen el alma en nuestras manos con sus palabras. Muchas veces, la mejor manera de animar al otro no es hablando sino escuchando con atención y con un corazón sensible, y abrazando. El abrazo de un amigo es el lenguaje perfecto, aun más que las palabras.

Lectura 5: 1 Samuel 20:9

Interpretemos esta última pregunta como un «¡Por favor, jamás dudes de mi amistad y de mi lealtad!».

Lectura 6: 1 Samuel 20:10-14

Como si fuera poco el pacto que ya habían hecho, Jonatán le hace un juramento a David: le dice que si su padre le hace algo y él no le avisó, que el castigo venga sobre él. ¡Una vez más el corazón de Jonatán quiere dejarle en claro a David que él no iba a fallarle en ningún momento! Nuestro deber como amigos es tener detalles que permanentemente le hagan sentir al otro la seguridad de nuestra lealtad. ¡La lealtad hay que demostrarla y reafirmarla en cada oportunidad!

Lectura 7: 1 Samuel 20:15-17

Jonatán sabía lo que Dios iba a hacer con David, él sabía que en algún momento la posición de David iba a cambiar y que ya no sería perseguido. Jonatán sabía muy bien que algún David sería el rey y que estaría en la posición de decretar y de bendecir, y por eso le pide que cuando llegue a su reinado se acuerde de su familia y tenga misericordia de ella. Jonatán le propone a David un pacto que los trasciende a ellos dos, y no se equivoca: efectivamente, este juramento que hacen aquí es el que años más tarde le salvará la vida a un chico llamado Mefiboset, el futuro hijo de Jonatán (2 Samuel 9). Las amistades que son verdaderas trascienden de tal manera que los hijos son alcanzados por sus pactos de lealtad y por sus bendiciones.

Hasta aquí la historia puede parecer injusta porque hemos visto a Jonatán hacer mucho por David, pero créeme que más tarde David tuvo la oportunidad de mostrarse amigo, de cumplir sus pactos, de ser generoso y de gritarle al mundo que las amistades reales son posibles, y lo hizo.

Lectura 8: 1 Samuel 20:18-23

Esto empieza a darme un sabor a despedida... Tú intenta ser positivo, pero no olvides que el plan incluye un «Por si no nos vemos más...». Y llega finalmente el día del plan. ¡Uf, cuántos nervios!

Lectura 9: 1 Samuel 20: 24-27

Hasta aquí parecía que el plan marchaba viento en popa, pero al rey Saúl se le hizo sospechosa la ausencia de David así que le preguntó a su hijo.

Lectura 10: 1 Samuel 20:28-29

Llámalo como quieras: mentira piadosa, estrategia, pretexto; como sea que lo llames, te digo que Jonatán lo hizo por su mejor amigo. Él le contó una historia distinta de la realidad a su padre mientras David permanecía escondido para intentar descubrir qué planes tenía Saúl.

Lectura 11: 1 Samuel 20:30-31

Todo se pone muy tenso y luego Jonatán resulta también víctima de la furia de su padre. ¡Saúl explota contra su hijo y hasta lo maldice! Sin embargo, Jonatán no se amedrenta y levanta la voz contra su padre para defender a su amigo. En los momentos más intensos, en los momentos donde los demás quieran intimidarte, ahí es donde debes levantar tu voz más fuerte que nunca, con autoridad y sin temor alguno para defender a ese amigo que amas.

Lectura 12: 1 Samuel 20:32-34

Es cierto: eso es lo que te ganarás cuando practiques lealtad. Alguien va a enojarse, alguien te arrojará lanzas, pero es parte de ser un buen amigo, ¡y debes hacerlo! Vemos que Jonatán se levanta de la mesa, así como tú y yo tendríamos que hacerlo cuando los demás se ponen a hablar mal de nuestro amigo que está ausente. ¡Cuántas cosas podemos aprender de esta historia! Fíjate en este otro detalle: Jonatán termina afligido, pero ¿por qué? ¿Porque su padre le había gritado? ¿Porque le había arrojado una lanza para herirlo? No, Jonatán termina afligido porque alguien había insultado a su amigo. ¿Te das cuenta de que él ve esto como más grave aun que los gritos y las agresiones de su padre? Una vez más, ¡qué ejemplo de amistad!

Lectura 13: 1 Samuel 20:35-40

Con todo esto quedaba claro que David tenía que huir oficialmente y que el rey Saúl no pararía hasta matarlo, así que era el momento de tomar decisiones tristes pero necesarias. A David le esperaba un largo y negro episodio, estaba a punto de comenzar una odisea difícil escapando por donde pudiera con tal de salvar su vida. Este no es el final favorito para estos dos amigos: ¡ellos no merecían terminar así! Pero en la vida real no siempre hay finales felices, así que tenemos que continuar. Titularemos a esta última parte del guion «La triste despedida de dos amigos ejemplares».

Lectura 14: 1 Samuel 20:41-42

Despedida inmerecida, porque no fue por decisión de ninguno de los dos sino por culpa de otra persona.

Sufrimiento innecesario, ya que de haber sido otras las circunstancias, entre ellos pudo haber habido alegría, sonrisas y fiesta por siempre, pero no fue así. Un cruel adiós, el que nunca tendría que haber llegado.

Lloraron juntos por un largo rato hasta que David se desahogó. ¡Esta es una escena que conmueve tanto! Tener con quien llorar en los momentos más crudos de nuestra vida es lo mejor que puede pasarnos. Si tienes con quien llorar, valóralo. Ellos sabían que no volverían a verse y que eso de pescar juntos en el lago a la orilla de la montaña hasta viejitos ya no iba a ser posible.

Un triste final para esta serie, pero valió la pena. Esta es una historia que tiene valiosas enseñanzas que nos llevan a reflexionar. El leer sobre la profunda amistad de David y Jonatán nos impulsa a cuidar, a defender y a amar aún más a nuestras amistades, dando todo por mis amigos tal como ellos lo hicieron.

No alcanza tan solo con tener a Dios en nuestras vidas, cuidémonos para no entrar en ese terreno riesgoso de pensar que no necesitamos amigos aquí en la tierra junto a los cuales caminar. Cuidémonos del gran peligro de creer que, como tenemos ese gran amigo en el cielo, no necesitamos a nadie más con quien hacer equipo en esta bella aventura del vivir y vivir en abundancia. Es mejor, incluso, vivir una temporada triste por un amigo que nos falle que vivir tristes toda una vida por estar solos. Las personas son un complemento diseñado por Dios para bendecirnos, para aconsejarnos, para abrazarnos y para sostenernos. ¡Todos necesitamos amigos!

ACTIVIDAD FINAL: A MI GRAN AMIGO

Reparte hojas en blanco y lápices a todos tus alumnos y vamos a escribir una carta a nuestro buen amigo o amiga; quizás aún no lo tengan, pero vamos a escribirla pensando en que el Señor va a bendecirnos con la vida de una gran persona que nos acompañe en este camino.

Que la carta diga cosas como cuánto lo/la apreciamos, cuánto lo/la necesitamos y cuán felices somos de tenerlo/tenerla. Vamos también a pedirle perdón por fallarle algunas veces y a ofrecer un pacto que nos comprometa a prestarle más atención, a darle nuestro tiempo y ser atentos a sus necesidades.

Cierra la serie orando por tus chicos, por las personas que están transformándose, por cómo Dios los capacita para alcanzar su propósito y cuán agradecido estás por cada uno de ellos. Si puedes trata de orar por cada uno en particular; si son muchos y tienes colaboradores, divídelos en grupos pequeños y que cada líder ore por ese grupo. Antes de hacerlo, sería bueno que puedan pensar en cualidades únicas de tus chicos para agradecer por ellos, afirmarlos y bendecirlos por quienes son.

MIS NOTAS

MIS NOTAS

MIS NOTAS

MIS NOTAS

MIS NOTAS

MIS NOTAS

MIS NOTAS

MIS NOTAS

ALGUNAS PREGUNTAS QUE DEBES RESPONDER:

e6 25

¿QUIÉN ESTÁ DETRÁS DE ESTE LIBRO?

Especialidades 625 es un equipo de pastores y siervos de distintos países, distintas denominaciones, distintos tamaños y estilos de iglesia que amamos a Cristo y a las nuevas generaciones.

e625.com

¿DE QUÉ SE TRATA E625.COM?

Nuestra pasión es ayudar a las familias y a las iglesias en Iberoamérica a encontrar buenos materiales y recursos para el discipulado de las nuevas generaciones y por eso nuestra página web sirve a padres, pastores, maestros y líderes en general los 365 días del año a través de **www.e625.com** con recursos gratis.

zona de contenido PREMIUM

¿QUÉ ES EL SERVICIO PREMIUM?

Además de reflexiones y materiales cortos gratis, tenemos un servicio de lecciones, series, investigaciones, libros online y recursos audiovisuales para facilitar tu tarea. Tu iglesia puede acceder con una suscripción mensual a este servicio por congregación que les permite a todos los líderes de una iglesia local, descargar materiales para compartir en equipo y hacer las copias necesarias que encuentren pertinentes para las distintas actividades de la congregación o sus familias.

INSTITUTO e6 25

¿PUEDO EQUIPARME CON USTEDES?

Sería un privilegio ayudarte y con ese objetivo existen nuestros eventos y nuestras posibilidades de educación formal. Visita **www.e625.com/Eventos** para enterarte de nuestros seminarios y convocatorias e ingresa a **www.institutoE625.com** para conocer los cursos online que ofrece el Instituto E 6.25

¿QUIERES ACTUALIZACIÓN CONTINUA?

Regístrate ya mismo a los updates de **e625.com** según sea tu arena de trabajo: Niños- Preadolescentes- Adolescentes- Jóvenes.

¡APRENDAMOS JUNTOS!

/InstitutoE625
e6 25
INSTITUTO
ESPECIALIDADES
TU MINISTERIO SUBIRÁ DE NIVEL
Instituto e625
INSCRÍBETE
DIPLOMADO en LiderazGO Generacional
Programa Completo. Educación ministerial del futuro.
PROFESORES EXPERTOS
ACCESIBILIDAD Y MOVILIDAD
FLEXIBILIDAD Y PROFUNDIDAD
METODOLOGÍA
Nueva Web
Diplomado en Liderazgo Generacional
Próximos cursos
Programa de estudios
www.InstitutoE625.com

e625.com
Sé parte de la mayor
COMunidad de
educadores cristianos
Sigue en todas tus redes a
/e625COM